E SE O PSICODRAMA TIVESSE NASCIDO NO CINEMA?

CIP-BRASIL. CATALOGAÇÃO NA PUBLICAÇÃO
SINDICATO NACIONAL DOS EDITORES DE LIVROS, RJ

M369s
Massaro, Geraldo
    E se o psicodrama tivesse nascido no cinema? / Geraldo Massaro. - [1. ed.] - São Paulo : Ágora, 2014.

    Inclui bibliografia
    ISBN 978-85-7183-134-6

    1. Psicodrama. 2. Psicoterapia. 3. Psicologia. 4. Cinema. 5. Artes. I. Título.

13-06434   CDD: 616.891523
                                            CDU: 616.8

www.editoraagora.com.br

Compre em lugar de fotocopiar.
Cada real que você dá por um livro recompensa seus autores
e os convida a produzir mais sobre o tema;
incentiva seus editores a encomendar, traduzir e publicar
outras obras sobre o assunto;
e paga aos livreiros por estocar e levar até você livros
para a sua informação e o seu entretenimento.
Cada real que você dá pela fotocópia não autorizada de um livro
financia o crime e ajuda a matar a produção intelectual de seu país.

Geraldo Massaro

E SE O PSICODRAMA TIVESSE NASCIDO NO CINEMA?

E SE O PSICODRAMA TIVESSE NASCIDO NO CINEMA?
Copyright © 2014 by Geraldo Massaro
Direitos desta edição reservados por Summus Editorial

Editora executiva: **Soraia Bini Cury**
Editora assistente: **Salete Del Guerra**
Capa: **Alberto Mateus**
Imagem de capa: **iStockphoto**
Produção editorial: **Crayon Editorial**
Impressão: **Sumago Gráfica Editorial**

Editora Ágora
Departamento editorial
Rua Itapicuru, 613 – 7º andar
05006-000 – São Paulo – SP
Fone: (11) 3872-3322
Fax: (11) 3872-7476
http://www.editoraagora.com.br
e-mail: agora@editoraagora.com.br

Atendimento ao consumidor
Summus Editorial
Fone: (11) 3865-9890

Vendas por atacado
Fone: (11) 3873-8638
Fax: (11) 3873-7085
e-mail: vendas@summus.com.br

Impresso no Brasil

Sumário

INTRODUÇÃO 7

1 A cena e seus caminhos terapêuticos 11
2 A linguagem cinematográfica 25
3 Cinema e realidade...43
4 Roteiro, montagem e formas narrativas 53
5 "Situação-psicodrama"...69
6 Jogos, cinema e psicodrama 85

REFERÊNCIAS BIBLIOGRÁFICAS 97

Introdução

Quando uma pessoa procura psicoterapia, seja num consultório particular, seja numa instituição pública, ela leva ao profissional suas questões. Estas podem ser apresentadas em uma dimensão mais interna, tais como sentimentos, concepções, angústias, desejos e sofrimentos. Também podem ser trazidas valorizando mais as contingências externas, tais como conflitos relacionais, dinâmicas familiares, dificuldades de concretizar projetos ou mesmo situações profissionais. "Mundo interno" ou "mundo externo" são apenas focos, já que são partes de um mesmo todo, que é o humano.

A maneira como nós, terapeutas, colocamo-nos diante dessas questões delineia o que acreditamos ser a terapia, ou mesmo qual o nosso papel de terapeuta. Ainda mais que isso, dimensiona o que acreditamos ser a saúde e a doença mental.

Acredito que, por melhores que sejam as atitudes de um terapeuta contemporâneo, mais especificamente dos psicodramatistas, existe hoje uma espécie de lugar-comum, de conserva cultural na nossa prática. Ela torna ritualística não só a nossa ação, como também o ensino nas escolas que formam terapeutas. O resultado, apesar de muitas vezes ser bom, abafa a tão procurada criatividade psicodramática prenunciada por Moreno.

A meu ver, isso ocorre, em parte, por duas influências marcantes em nosso cotidiano profissional, ou seja, pela influência psicanalítica e pela influência do teatro. Mantemos com essas estruturas, principalmente com a primeira, uma relação de ambiguidade. É inegável quanto a psicanálise foi formadora não só para o psicodrama, mas para quase todas as modalidades de psicoterapias, assim como é inegável a influência formadora do teatro sobre os psicodramatistas. Como podem influências benéficas trazer rituais e conservas? Trata-se menos das estruturas citadas em si e mais de uma prática nossa que aos poucos perde o poder de transformação pela maneira como é usada e também pela nossa dificuldade de refletir sobre ela. Um exemplo disso talvez seja como certos jogos são aprendidos pelos psicodramatistas em formação no contexto de suas terapias, e depois reproduzidos aleatoriamente nos espaços onde exercem o papel de terapeutas em formação.

Seria possível, entretanto, que, sem negar tais fontes, pudéssemos buscar ideias de ações em outras dimensões? Sim. O realce de algumas teorias morenianas, como a teoria do momento, pode nos trazer novas e insuspeitadas contribuições. Assim também outras teorias, como as de Deleuze, podem formatar novas influências, e outras artes, como o cinema, podem nos oferecer inovações.

Com base em uma prática já antiga com pessoas psicóticas e em estudos que tenho feito sobre processos de subjetivação e sobre a cena psicodramática, procuro introduzir algumas alterações na minha forma de trabalhar. Claro que essas alterações carregam uma série de influências externas, às quais fui adaptando minha ação terapêutica. Neste livro tento descrever um pouco essas minhas inquietações acreditando que elas podem ser úteis para outras pessoas.

E se o psicodrama tivesse nascido no cinema?

Não se trata apenas de buscar técnicas que ampliem a nossa ação. Por mais importante que isso seja, trata-se de questionar a nossa postura e as nossas atitudes. Por exemplo, atualmente trabalho com quatro grupos psicoterápicos. Há mais de dez anos não faço sessões com protagonista individual, ou seja, uma sessão centrada numa única pessoa. Essa não é apenas uma questão técnica ou de gosto pessoal. É o resultado de um caminho longo de aprendizado com meus clientes e com diversas teorias. É outra maneira de enxergar meu papel perante as pessoas que me procuram como terapeuta. É quase uma questão ideológica.

É disso que trata este livro. Busca novidades técnicas, sim; mas, mais que isso, busca conceitos e posturas que se organizam de inquietações que se acumularam ao longo dos anos.

Resumindo os focos que considero principais no texto:

- A psicoterapia como um processo menos preocupado com resolução de conflitos e mais voltado para permitir um campo de subjetivação.
- O uso de conceitos e técnicas do cinema para facilitar esse processo.
- Um entendimento de como o épico e o lírico, como formas narrativas, podem ser contrapontos ao drama na montagem das cenas.

No primeiro capítulo, resumo e aprofundo um texto anterior sobre a teoria da cena. Nele, com base na teoria do momento e em algumas posições deleuzianas, descrevo outras formas de pensar a ação terapêutica da cena. No segundo capítulo, faço um paralelo entre as linguagens teatral e cinematográfica, realçando os instrumentos da segunda, já que supostamente são menos conhecidos por nós, psicodramatistas. No terceiro capítulo, o mais difícil, reflito um pouco sobre a questão da realidade no cinema e da realidade na terapia, principalmente psicodramática. No capítulo seguinte, tentei descrever aspectos da montagem, do roteiro e das formas literárias do cinema, sempre procurando novas conceituações para a prática. Nas formas literárias, discuto a possibilidade de uso do épico e do lírico como contraponto ao dramático. No quinto capítulo, apresento um conceito que tenho usado, o da "situação-psicodrama". No último capítulo, descrevo dimensões puramente técnicas, como jogos e instrumentos do cineasta que poderiam ser usados no nosso dia a dia.

1
A cena e seus caminhos terapêuticos

Na Introdução, afirmei que a maneira como o psicoterapeuta se coloca perante as questões das pessoas que o procuram determina a sua opção por qual profissional quer ser, assim como o seu conceito de psicoterapia e de saúde.

Outra maneira, talvez mais específica, de colocar a mesma questão é discutir a forma como o profissional se coloca perante o imaginário dessas pessoas. O imaginário é importante para qualquer modalidade de terapia. Mas, para nós do psicodrama, em função da cena, o imaginário adquire uma importância talvez ainda maior. Aqui também se delineiam a opção e as concepções do terapeuta.

De acordo com Sartre (1940, p. 341), "toda imaginação aparece sobre um fundo mundano, mas, reciprocamente, toda apreensão do real mundano implica uma passagem implícita através da imaginação".

Nesse sentido, como se dá, no psicodrama, a ligação imaginação/real mundano? Ela se dá principalmente por uma cena. Mesmo que o profissional não esteja dramatizando, ele em geral está usando princípios de dramatização, como o solilóquio, a tomada de papel, o duplo e outras técnicas. A própria terapia da relação, como nos é ensinada por Fonseca, situa-se nessa dimensão.

Então, fixemo-nos na cena e sigamos Merleau-Ponty. A cena psicodramática se passa na ordem do mito. Mito é algo que se origina no imaginário, mas é vivido como real. Pelé é um mito porque houve uma necessidade do brasileiro, terceiro-mundista, de ter um super-herói terceiro-mundista. Era nossa imaginação. Mas Pelé só pode ser esse mito porque tinha correspondência no real mundano, ou seja, jogava muita bola.

Assim, a cena não se passa no real, porque pode ser interrompida, desfeita como tal. Tampouco se passa no imaginário, porque traz à tona um envolvimento que simula o real, capaz de criar intensas emoções, como se a situação estivesse sendo vivida ali. E é o corpo que permite o fluxo desse imaginário, transformando ideias em coisas. Nessa explicitação de desejos, sonhos e fantasias, a cena permite o contraponto com o real. E, ao revelar esse imaginário, a cena nos mostra o fundo mundano que, nessa pessoa, se relaciona com esse imaginário.

Em um livro anterior, *Esboço para uma teoria da cena* (Ágora, 1996), argumentei que a cena psicodramática se passa em dois movimentos. No primeiro, há uma montagem que, embora imaginada, tem um compromisso indissolúvel com o real. E é nessa montagem que o protagonista encontra o real, com o terapeuta fazendo vir à tona as suas questões. Na época, dei como exemplo o filme *O homem de la Mancha* (*Man of la Mancha*, Artur Hiller, EUA/Itália, 1992). O fragilizado Quixote encontra-se rodeado pelos cavaleiros fortemente armados, com seus escudos tendo espelho no lado inverso. Essa é a montagem. Quando Quixote os ataca, eles viram o escudo, agora espelhos, obrigando o cavaleiro

E se o psicodrama tivesse nascido no cinema?

a se defrontar consigo mesmo e a se redimensionar. O espelho-terapeuta, ao prender sua imagem, o mantém cativo no real. A quase realidàde de seu delírio se desfaz na realidade de seu desejo. Os cavaleiros, cúmplices do irreal, trazem à tona o imaginário, voltam a ilusão contra si mesma e, sem confronto, deliram o delírio, refletem-no e transformam-no.

A cena psicodramática é, portanto, reveladora e transformadora. Ela nos coloca em contato com nosso *não ser*, com nosso *estranho em nós*, com nosso oculto.

Mas a cena, como vínculo entre imaginário e real, passa sempre pelos mesmos caminhos?

Não. Há diferentes formas de fazer contato com esse imaginário. E é aqui que, nossas questões, hoje, se tornam mais importantes. Vou tentar descrever dois desses caminhos, que na verdade significam duas maneiras de conceber psicoterapia e psicodrama, e dois modos de pensar o que é saúde mental.

Chamarei esses caminhos de *resolução de conflitos e de subjetivação*.

O que é resolução de conflitos? É um caminho de condução da cena que recebeu forte influência do teatro e de Freud.

Do teatro, porque teatro é drama e drama é conflito. Veremos isso em outro capítulo.

E de Freud?

Antes de Hegel, os teóricos estudavam a história por períodos e por povos. Assim, tínhamos a história sobre os persas, sobre o período romano, e outros mais. Hegel entendia que cada período histórico tinha uma ideia, uma tese que o sustentava. Em determinado momento surgia uma tese oposta, uma antítese, que questionava o período e preconizava mudanças. A compreensão da história, então, nascia da síntese entre tese e antítese, buscando-se dimensionar as condições que geriam tais mudanças. Uma proposta aparentemente tão simples, mas de efeitos tão poderosos. E tão influenciadora em tudo que se seguiu no estudo a humanidade. E aí entra Freud, com sua dialética da interioridade. Aqui o sujeito humano não é jamais o que se crê. Está descentrado e o que fala dentro dele é o desejo, e o que esse desejo fala o conduz, muitas vezes à revelia de sua consciência. É um jogo de oposições, sendo a compreensão do humano a compreensão dessas oposições.

Também nas tópicas freudianas encontramos o conflito de forças. Freud fala em campos de batalha, em enfrentamentos de exércitos e outras alegorias de guerra. Id e superego, em eterno conflito, são administrados pelo ego. Conflitos entre o impulso humano e a cultura interiorizada.

Esse jogo de forças marcou não só a psicanálise, mas quase todas as formas de fazer psicoterapia.

Isso se tornou lugar-comum na própria cultura. Quando alguém descobre que um de nós é profissional dessa área, quase sempre se sai com a famosa frase: "Deve ser difícil ajudar as pessoas a resolver seus conflitos!"

É possível apontar em Moreno e em outros teóricos do psicodrama a influência incontestável e benéfica da dialética da interioridade freudiana, mesmo que algumas vezes o que um trabalha como conflito intrapsíquico o outro enfoque como conflito relacional.

O conflito está presente em nossos cursos, em nossas aulas, em nossas supervisões e na montagem da maioria das nossas cenas. Veja a seguir uma cena básica que demonstra isso:

E se o psicodrama tivesse nascido no cinema?

Um protagonista está submetido a duas ordens. Podem ser duas ordens externas, duas internas ou uma interna e outra externa. Podem ser mais conscientes ou menos conscientes. Dois egos-auxiliares ou dois membros do grupo puxarão o protagonista cada um numa direção, simulando as ordens. O terapeuta colocará o protagonista em cada uma dessas ordens, originando um verbal que as represente. Voltando ao papel de protagonista, ele ouvirá o verbal desses auxiliares, que, concomitantemente, executarão uma força física, "imitando" a pressão que tal protagonista sofreria perante as ordens às quais está sujeito. Retira-se o protagonista do jogo de forças, fazendo o que chamamos de espelho, afastando-o para que possa olhar de fora e tentar reconhecer a origem de tais vozes. Agora, as ordens que o determinam, em seu conflito, passam a ser tomadas como seu pai, sua mãe ou outras pessoas de sua história – uma das ordens poderá inclusive ser oriunda de seus desejos reprimidos. Os auxiliares agora tomarão papéis dessas pessoas do mundo real e se buscará, por meio do verbal, uma resolução, que poderá passar pela luta por seus desejos ou por acordos entre as ordens. Se tais ordens não forem reconhecidas, ou se forem mas não se chegar a um acordo, a resolução pode vir pela via do confronto físico, com o protagonista, em qualquer dos casos, saindo vitorioso. Ele será incitado a lutar por aquilo que sente como seu, que reconhece como seu desejo e com o que se identifica.

Assim, de uma divisão de ordens, de conflitos intrapsíquicos, o protagonista estará dramatizando com base nas figuras, conscientes ou não, que originaram esse embate. A expectativa é que ele resolva, pelo menos na cena, o conflito. Acredita-se que essa resolução em cena pode perdurar no mundo externo à terapia.

Claro que muitas outras montagens mais complexas podem ocorrer, mas o princípio é o mesmo. Se for em terapia individual, costuma-se usar psicodrama interno.

Essa cena na qual se busca a saúde pela resolução dos conflitos tem algumas características:

- Existem duas ordens estabelecidas e opostas, ou pelo menos diferentes, que fundamentam a cena. Essas ordens estão em conflito.
- Isso remete a uma situação de angústia.
- Está presente a dualidade consciente/inconsciente.
- A ação é baseada em bloqueios e tentativas de desbloqueios. Quando o desbloqueio não é possível, tenta-se um acordo entre as ordens.
- Há um uso muscular do corpo.
- Existe a ideia de um Eu único, centrado, nuclear e submetido às ordens. Espera-se que esse Eu saia vitorioso e consiga impor seu desejo.
- Busca-se desarmar a doença e reorganizar as defesas.
- Toma-se a saúde como resolução dos conflitos.

Trabalhando tantos anos nessa dimensão, e numa avaliação bastante pessoal, não teria dúvidas de que esse caminho é bastante importante como resolução de conflitos nem dos benefícios que daí decorrem. Mas também acho que, por motivos vários, esses benefícios muitas vezes não acontecem. A explicação para isso é complexa e, a meu ver, passa pelo fato de que conflitos não raro são resultados e não causas de questões humanas.

De qualquer maneira, esse continua sendo o caminho ensinado nas nossas escolas, até porque ele é didático e objetivo, tão a gosto do que os psicodramatistas iniciantes buscam. Mas, muitas vezes, tem se tornado um aprendizado ritualístico, decorado; uma conserva cultural.

A sensibilidade e a experiência do terapeuta poderão mostrar-lhe quando usar esse caminho e quando abdicar dele.

O que seria uma cena que organizasse outro tipo de contato com o imaginário e buscasse a saúde mental pela subjetivação? Em um capítulo do livro *A rosa dos ventos do psicodrama* (Massaro, 1994b), escrito por vários autores, procurei descrever algumas teorias modernas sobre a subjetividade. Ali estão presentes visões de Freud, Lacan, Moreno, Deleuze e teorias modernas sobre a subjetividade no materialismo histórico, como a análise do discurso. Seria cansativo para o leitor repeti-las aqui, mas os interessados podem recorrer ao texto. Quero, entretanto, transportar, de lá para cá, três conceitos:

- Para Lacan, a subjetividade forma-se em decorrência da estruturação linguística. Ou seja, a linguagem norteia a formação da subjetividade. Para Deleuze, veremos, não.
- Para a maioria dos autores, e isso inclui Moreno, o psiquismo do bebê é caótico e indiferenciado. Acredita-se que no adulto o contato com esse ser indiferenciado produz sintomas leves ou graves, dependendo da intensidade do contato, produzindo também defesas psíquicas.
- Para Freud, os psicanalistas em geral e o psicodrama como um todo, o desejo é tomado como aquilo que vai em busca do que nos falta. Para Nietzsche, e Deleuze o segue, o desejo é máquina, é dispositivo, é produção.

Aprofundemos um pouco as ideias de Deleuze. O processo de subjetivação não é organizado pela linguagem. Aqui, leva-se em conta todo um campo de intensidades que fogem à representação simbólica. A subjetividade será pensada dentro de um conjunto de condições que torna possível que instâncias individuais e/ou coletivas estejam em condições de emergir como território existencial. Há uma heterogeneidade de componentes que concorrem para a produção da subjetividade. Entre eles, componentes semiológicos significantes, que se manifestam por intermédio da família, da educação, da religião etc., e componentes da produção da máquina social, como o cinema, a televisão e a *mass media*.

Esses componentes agem sobre indeterminações do psiquismo e essa ação construirá a subjetividade.

Para podermos pensar dessa maneira, temos de considerar o segundo contraponto: essa zona de indeterminação, esse "caótico indiferenciado", já contém uma complexidade que a diferencia. Trata-se, na dialética das diferenças, do que foi chamado de singularidades múltiplas, linhas de virtualidade que precisam se expressar, ganhar consistência. Nessa zona de indeterminação onde não há nem sujeito nem objeto, existe apropriação de uma dimensão existencial em que se desenvolve certa textura ontológica. Sobre essa zona de indeterminação agirá o desejo que não é falta, privação, prova da incompletude humana. Ele é processo de criação, é vontade de efetuação da vida, o que a faz múltipla.

Se é verdade que o contato com a não identidade, com o não Eu, com o estranho em nós pode produzir sensações de estranheza, despersonalização, desrealização e mesmo sintomas físicos e hipocondríacos, é também verdade que, sob circunstâncias diversas, ele pode ser a fonte da produção de saúde. É curioso notar

E se o psicodrama tivesse nascido no cinema?

que literatos importantes, como Dostoiévski, Kafka, Strindberg, Machado de Assis e Guimarães Rosa, já apontavam, em seus escritos, para essa dimensão.

Partindo da conceituação de que as indeterminações podem produzir subjetividades, pensemos em Moreno. A teoria do momento, talvez a sua teorização mais difícil, pode nos ajudar a entender algumas dessas questões. Mas prefiro deixar isso para quando discutirmos o cinema. Aqui quero falar do encontro, etapa final da matriz da subjetividade. Munidos de nossos nomes próprios e de nossos desejos, vamos ao encontro do outro afirmando e reconhecendo nossas diferenças. Sem perder a nós mesmos, produzimos, a partir desse outro, subjetividade. Por intermédio do outro, e com ele, encontramos a fonte de produção de nós mesmos.

No livro Psicodrama (1975b, p. 77), Moreno escreve: "As pessoas não querem superar a realidade, querem expô-la. Reexperimentam-na, são seus donos [...]". Já em Psicoterapia de grupo e psicodrama (1974) ele nos diz que, "independente de onde a terapia acontece, a interação produz efeitos terapêuticos". Em "A divindade como comediante" (1975a, p. 73), afirma: "No momento em que podemos ver a nós mesmos, surge imediatamente um palco a nossos pés".

Com base em seu imaginário, em seus desejos e até em suas relações, a pessoa experimenta diferentes dimensões de realidade e acrescenta a si mesma aspectos de formas de existência.

É interessante percebermos que Moreno, às vezes um pouco atabalhoado em suas considerações, conseguiu em muitos momentos antever questões brilhantes posteriormente desenvolvidas por outros pensadores.

O caminho da subjetivação implica alguns aspectos:

- A saúde será tomada como a busca de diferenciar-se em novas formas de existência, começando pelas nossas virtualidades e por meio do contato com o mundo que nos chega.
- Não se busca reorganizar defesas, mas produzir instâncias.
- O corpo é tomado como centro virtual de ações, como aquilo que dá acesso à temporalidade, como agente de conhecimento, como abertura ao mundo nos colocando em situação. Ele permite o fluxo desses desejos e fantasias contidos no imaginário e o concretiza em cena.
- O papel do terapeuta deixa de ser o daquele que resolve conflitos. Com cuidado, ele coloca a pessoa em contato com seu estranho, mobiliza virtualidades, ajuda a reconhecer o desejo, propicia o contato com as diferenças e, em seguida, a busca de novas formas de existência.
- O Eu não é tomado como único, nuclear, mas como uma instância que organiza uma multiplicidade de vozes e desejos.

Esse caminho de dramatização mostra-se bem mais difícil, ainda mais quando comparado com o da resolução de conflitos. Em parte porque não estamos acostumados a pensar a cena como um dispositivo, como um instrumento que nos coloca em contato com nossas indeterminações, permitindo uma objetivação de singularidades dispersas e, consequentemente, um ganho de subjetividades. Quando pudermos chegar à prática, talvez esse caminho nos pareça mais fácil.

E é aí que podemos começar a buscar outros facilitadores técnicos. E encontramos, entre alguns, o cinema.

E se o psicodrama tivesse nascido no cinema?

Pode-se argumentar que os dois caminhos se assemelham muito, pois se cruzam no reconhecimento do desejo. A resolução do conflito visa, em última instância, ajudar a pessoa a reconhecer seu próprio desejo, sendo esse mesmo desejo fundamental, na dialética das diferenças, para que a pessoa se identifique com o externo e se subjetive. Há algo de verdadeiro nisso. Mas as diferenças são muito grandes, tanto do ponto de vista técnico quanto conceitual e até mesmo ideológico.

Como já apontei, o próprio conceito de desejo difere muito na psicanálise e nos conceitos deleuzianos que seguem Nietzsche. No primeiro, o desejo é aquilo que traz o que nos falta, pois desejamos o que não temos. É aceitável entender, então, que o conflito se resolve quando há um desbloqueio daquilo que impede o desejo de se realizar. O desejante, desbloqueado, buscará aquilo que lhe falta, do qual foi privado. É assim que temos trabalhado.

Por outro lado, se o desejo não é prova da incompletude humana, pois não se liga à falta, ele, como máquina de criação, age sobre essa textura e produz formas de existência. Subjetividades.

Adendo ao capítulo

Este pequeno adendo é mais um exercício de entendimento, não sendo fundamental para a compreensão do tema deste livro. Ele está aqui para que pessoas acostumadas às questões filosóficas possam, se assim o desejarem, desenvolvê-lo. Caso contrário, pode ser "pulado" sem nenhum prejuízo ao entendimento do texto.

Seguindo Sartre e Husserl, tentamos entender alguns pontos que salientam as diferenças entre os caminhos da psicanálise e os conceitos deleuzianos.

Toda consciência é consciência de algo. Assim, tem-se uma distinção entre a consciência e aquilo de que se tem consciência. O objeto da consciência está, portanto, fora da consciência, sendo transcendente.

A imagem é também imagem de alguma coisa, mesmo que essa coisa não exista no real mundano, como um centauro. Há uma relação de intencionalidade da consciência perante um objeto. A imagem deixa de ser um conteúdo psíquico, pois não se acha na consciência como elemento constituinte, mas na consciência de alguma coisa em imagem. Com isso, percebe-se uma diferença intrínseca entre imagem e percepção, e ela está nas intenções. Ainda segundo Husserl, quando vejo um objeto, posso reproduzir a lembrança ou a percepção desse objeto. Assim, precisamos distinguir a retenção, que conserva o passado como passado para a consciência, da rememoração, que consiste em fazer reaparecer as coisas do passado com suas qualidades. A rememoração é apenas uma presentificação do objeto numa síntese passiva. A retenção, ao contrário, traz uma imagem/ficção ativa, produto da espontaneidade.

Em resumo, não há imagem na consciência, mas, sendo um ato e não uma coisa, a imagem é certo tipo de consciência: consciência de alguma coisa.

Muitas dramatizações ocorrem com base em imagens de pessoas ou fatos. Trata-se de rememorações que fazem reaparecer, via presentificação, as coisas do passado? Ou se trata de uma síntese ativa, tal qual o passado se conserva como passado para a consciência, carregado de espontaneidade, de intencionalidade, de motivações? Se a segunda hipótese for verdadeira, a cena é produto de nossa espontaneidade. A imagem que a pessoa leva para a cena é a relação que estabelece diretamente com essa cena,

E se o psicodrama tivesse nascido no cinema?

a intencionalidade. O que está em jogo não é a cena em si, mas a relação da pessoa com ela, dentro de suas motivações. E também os sentimentos e emoções que estão em jogo são uma resposta a essa motivação.

O conflito presente na cena já não estava presente em nossa motivação? Não é em parte decorrente dela? Ainda nesse quadro de referências, a resolução da cena passa não pela resolução de conflitos, mas pelo redimensionamento das motivações que ligam o indivíduo à cena.

2

A linguagem cinematográfica

O teatro é tão antigo quanto a humanidade. Por isso mesmo, recebeu uma diversificação muito grande através dos séculos. Algumas dessas formas são bastante conhecidas por todos nós. O teatro grego, com seu coro e quase atemporal, em que o destino humano dependia do interesse dos deuses. O teatro de Shakespeare, no qual o destino nasce na moral humana e o tempo é, algumas vezes, descontínuo. O teatro da não ação, de Beckett. A tentativa de desdramatização de Brecht, puxando para o épico e organizando o famoso distanciamento da plateia. O teatro do absurdo. O teatro intenso de Artaud. A tentativa do Living Theater de desconstruir o tempo da ficção, deixando para a plateia a responsabilidade da ação e do tempo. O teatro dos últimos 200 anos, chamado por alguns de teatro clássico, que se realiza por meio da forma narrativa literária, que é o drama. O que implica, veremos, diálogos, conflitos e ação presentificada.

Tantos teatros...

O uso do teatro como instrumento de cura, já nos ensinou Foucault, data da Idade Média, tendo sido realizado nos espaços de confinamento. Como projeto terapêutico mais consistente, nasce com Moreno, no início do século 20.

Ao contrário do teatro, o cinema é uma arte recente. A ideia de dar movimento às imagens parece antiga, mas a realização prática disso data do final do século 19. De início, eram apenas filmagens do cotidiano, às vezes com pequenos truques oriundos dos mágicos, como vemos em Méliès. Respeitavam-se as unidades de tempo, espaço e ação, ou seja, a unidade do teatro clássico. Também se copiava do teatro a divisão da peça teatral em atos, que eram intercalados por letreiros. A câmera ficava quase fixa, no que seria um ponto ideal para a plateia. Ou seja, o cinema imitava o teatro. D. W. Griffith, com o clássico *O nascimento de uma nação* (*The birth of a nation*, EUA, 1915), deu ao cinema uma posição inicial de autonomia perante o teatro. Tornou a câmera móvel, tirou a unidade de tempo e espaço e investiu muito na montagem. Era o começo da linguagem cinematográfica.

As histórias começaram a ficar mais complexas, aumentando a identificação da plateia com os personagens e fazendo crescer o envolvimento emocional e intelectivo. Chaplin é um excelente exemplo disso.

Também cresceram os instrumentos técnicos e o cinema tornou-se uma indústria poderosa, tanto pela influência como mídia quanto pelos aspectos financeiros envolvidos. Hoje, a associação cinema/computação ampliou ainda mais os efeitos técnicos da filmagem. A diversidade tornou-se muito grande e inúmeras escolas surgiram.

De modo simples, podemos dizer que o cinema consiste em uma sequência de imagens (fotogramas) que sugere movimentos. Para alguns, isso é possível em virtude de nossa capacidade de reter a imagem durante décimos de segundo. Portanto, o cinema joga com o funcionamento orgânico da mente – o que, para certos teóricos, leva o espectador a se tornar mais ativo.

O que se denomina sinal cinematográfico é essa projeção, numa tela, da imagem conjugada do movimento. Tal imagem pode ser estruturada de várias maneiras, que chamamos de código cinematográfico.

O sinal cinematográfico tem três características principais: o enquadramento, a composição e o movimento imaginal.

Se no último capítulo deste livro vamos considerar algumas instâncias técnicas para introduzir na nossa montagem da cena psicodramática, torna-se necessário conhecer um pouco mais as variáveis do sinal do cinema.

Enquadramento

O campo visual humano estende-se a um ângulo de quase 180 graus, concentrando-se num espaço de atenção menor, mas circundado por uma orla bastante grande. O campo visual da imagem cinematográfica, escolhido pelo diretor ao filmar, é bem menor. Esses ângulos, quando envolvem a presença de humanos no enquadramento, são chamados de planos. Costumam-se dividi--los em três tipos, cada uma apresentando suas subdivisões. O *plano ambiente*, que pode ser geral, de conjunto e de meio conjunto, quanto mais clara fica a presença do humano, embora sempre prevaleça o ambiente. O segundo plano é o de *expressão corporal* ou *diálogo*, concentrar-se no corpo humano e costuma ser dividido em médio (quando aparece o corpo inteiro), americano (recortado na altura dos joelhos) e meio primeiro plano (quando se restringe ao busto). O terceiro plano é o de *intimidade* ou *psicológico*, que marca uma aproximação maior, a uma distância que não estamos acostumados a ficar das pessoas. É dividido em primeiro plano, primeiríssimo plano e plano de detalhe.

Composição

Compor é relacionar linhas, luzes, sombras, massas, cores, ângulos, profundidades e outras variáveis nas dimensões do enquadramento. De qual ângulo um objeto será visto? Em que parte da tela deve aparecer? Como está sua iluminação? Suas cores são suaves ou vivas? Tudo isso vai depender da intenção narrativa que o cineasta deseja imprimir.

Em 2001: *uma odisseia no espaço* (*2001: a space odyssey*, Stanley Kubrick, EUA/Reino Unido, 1968), uma pequena nave é vista pousando suavemente em uma enorme estação espacial. Surge uma sensação poética sobre o significado do empreendimento humano, de coragem, de domínio da natureza, mas ao mesmo tempo da solidão e fragilidade humanas perante algo tão imenso.

Outro exemplo da nossa fragilidade e solidão aparece no filme A.I. – *Inteligência artificial* (A.I. – *Artificial intelligence,* Steven Spielberg, EUA, 2001) na cena do robô/garoto, dentro do mar, abandonado pela mãe em função do nascimento do irmão humano, olhando por milhares de anos a estátua da santa de braços abertos, quase que o chamando para o colo.

Algumas dessas características são culturalmente influenciadas e isso deve ser levado em conta pelo diretor. Em nossa cultura, linhas verticais sugerem energia; linhas horizontais, tranquilidade; linhas diagonais implicam desequilíbrio, tensão; linhas circulares sugerem convergência; e arabescos, leveza.

E se o psicodrama tivesse nascido no cinema?

Na verdade, à medida que o espectador passa a frequentar mais cinemas, vai adquirindo uma espécie de "cultura cinematográfica", tornando-se mais apto a usar sua inteligência e sensibilidade para decodificar e reorganizar sua maneira de assistir ao filme, bem como os significados que aprende a dar a cada cena e ao filme como um todo.

Movimento imaginal

Pode ser dado por movimentos dentro do enquadramento, por deslocação do enquadramento ou por conjugação de imagens, na montagem. O da montagem veremos num capítulo específico.

O enquadramento abarca truques oriundos da alteração do tempo na sequência de fotogramas, o que dá a ilusão do movimento. O mais famoso desses é o *slow motion*, ou câmera lenta. Podemos realizar mudanças de foco, congelamento de imagens, sobreposição, obscurecimento, clareamento etc.

Já o movimento de deslocação do enquadramento é dado pelo deslocamento da câmera: a panorâmica, por exemplo, é originada por rotação; a aproximação e o afastamento podem ser obtidos movimentando a câmera em um carrinho ou mesmo utilizando o recurso de *zoom*. Além de acompanhar a cena ou revelar algo que está fora do quadro, o movimento da câmera é muito importante para gerar relacionamentos entre objetos ou pessoas e também para colocar o espectador em movimento, no lugar do personagem.

Um dos mais belos exemplos de panorâmica é o início do filme *Highlander, o guerreiro imortal* (*Highlander*, Russell Mulcahy, EUA/Reino Unido, 1986): o personagem principal está assistindo a uma luta de boxe, mas preocupado com a luta de espadas que ocorrerá em seguida. Outro exemplo notável do uso da câmera em um carrinho são as transmissões de partidas de futebol. A câmera acompanha o jogador de futebol em seu avanço conduzindo a bola ao longo do campo.

Pontos interessantes da linguagem cinematográfica

Cinema e teatro, assim como outras formas da arte, são essenciais para nós, humanos. Cada uma delas tem seu espaço de ação, seu público e seu poder de influência. Como nós, psicodramatistas, nos originamos do teatro, torna-se importante pensarmos em alguns aspectos da linguagem do cinema que poderiam constituir vantagens se incorporados à nossa prática. Dimensionar vantagens técnicas não significa pensar no cinema como arte maior. Trata-se apenas de enriquecimento conceitual com base em algo que pode ser novo para nós.

O enquadramento é uma das forças do cinema na medida em que torna possível selecionar mais objetivamente o espaço da imagem. A câmera permite aproximações e afastamentos com facilidade, assim como a montagem. Pode deter-se em imagens, como no filme *Psicose* (*Psycho*, Alfred Hitchcock, EUA, 1960). O enquadramento intensifica a participação do espectador ao aumentar o poder de mobilização e a amplitude da percepção.

Na câmera subjetiva, o espectador toma o papel do ator. Um bom exemplo é o clássico *Sindicato de ladrões* (*On the waterfront*, Elia Kazan, EUA, 1954), na cena na qual o personagem de Marlon Brando, ensanguentado e cambaleante, dirige-se ao local onde estavam os trabalhadores e os incita à revolta. Ao enxergarmos a cena com os olhos do personagem, somos levados a uma iden-

E se o psicodrama tivesse nascido no cinema?

tificação maior com ele. Quando usada em diálogos entre personagens, a câmera subjetiva nos faz praticamente assumir o papel de um deles, algumas vezes nos levando a tomar partido. Outro belo exemplo de câmera subjetiva é a utilizada no filme *Um corpo que cai* (*Vertigo*, Alfred Hitchcock, EUA, 1958). Um exemplo cotidiano é a câmera usada por pilotos de Fórmula 1 no capacete ou dentro do carro.

A imagem como imitação do real levanta uma polêmica muito grande, que discutiremos um pouco mais ao analisarmos a montagem. Mas é inegável que a foto reproduz a imagem do objeto. É diferente da pintura, na qual o resultado final corresponde a um conceito mental do objeto. O teatro também traz o objeto diretamente, mas não permite uma seleção e uma reprodução.

A multiplicidade de cenários foi apontada por Diderot, em *O filho natural ou as provações da virtude* (2008), como uma das faltas do teatro. Há experiências com atores mudando de palco em nova cena e até experiências de deslocamento de espectadores. Mas isso é algo artificial e exige tempo. No cinema é realizado com facilidade, sem gasto de tempo. O espectador, embora fixo, tem a sensação de constante mudança de local.

No teatro moderno, o tempo é encarcerado no presente, principalmente pela forma narrativa que o conduz, o drama. É um tempo contínuo que se dirige ao futuro e se concentra nos diálogos entre os personagens. O tempo no cinema é o eterno presente. Os teóricos afirmam que o tempo do cinema está sempre no presente do indicativo. Mesmo num *flashback*, com a cena remontando ao passado, o tempo é vivido pelo espectador como no presente, tornando-se desnecessária a presença de atos. Manipulando o ritmo dos fotogramas, o diretor pode dar ao tempo dimensões diferentes da comum, convidando o espectador a entrar no incomum. Mas o ritmo será o inscrito no filme. Será sempre igual tantas quantas forem as vezes que o filme for projetado. No teatro, diferentemente, os atores poderão testar ritmos variados em diferentes apresentações.

Para Merleau-Ponty (1971), a percepção é uma atividade organizada que marca uma relação corporal e de temporalidade com o mundo. Ela não é, entretanto, uma percepção absoluta, pois será sempre incompleta. A possibilidade de assistir repetidamente a uma cena gravada nos confere um lugar privilegiado na percepção da expressão da condição humana. Isso se torna ainda mais importante se pensarmos, pela via desse filósofo, que sentimentos podem ser descritos não apenas como fatos psíquicos ocultos num inconsciente, mas como estilos de conduta visíveis, presentes nos rostos e nos gestos. Portanto, ainda segundo Merleau-Ponty, o filme, como objeto de percepção, tem características que podem tornar explícitas certas estruturas que organizam nossa relação com o mundo.

O movimento e a tensão nas bordas são outros dois aspectos importantes do cinema. Quando olhamos um quadro, nossa percepção tende a dirigir-se para o centro. A tela é centrípeta. Quando assistimos a um filme, a percepção volta-se para fora. A tela do cinema é centrífuga. Situamo-nos nessa borda, buscando, via imaginação, o fora da tela. A câmera pode suprir nossas expectativas e buscar esse fora. Se no teatro o espaço da cena é real e complementa o espaço dos espectadores, no cinema o espaço da tela é irreal e se coloca em oposição ao espaço da plateia. Isso cria a noção de que o espaço mostrado é um recorte do mundo e se estende para fora dos limites, como se a tela fosse uma janela em movimento. As bordas deixam de ser uma moldura e passam a funcionar como um espaço de tensão apta a ganhar uma nova configuração. Com o movimento da câmera, o espectador pode ter acesso a inúmeros ângulos diferentes, aumentando sua participação e permitindo maior *insight* de estruturas antes não percebidas.

A perspectiva é um instrumento presente em várias artes. No cinema, ela permite criar grandes efeitos. Em *Amor à flor da pele* (*Fa yeung nin wa*, Wong Kar-Wai, Japão, 2000), o diretor nos brinda com um momento emocionante ao utilizá-la. Um casal não está apaixonado. Embora os dois protagonistas estejam perto um do outro, na perspectiva parecem afastados. Outro casal, cuja relação é proibida pelas circunstâncias, encontra-se em salas diferentes, mas o diretor, usando a perspectiva, aproxima-os tanto que parecem estar abraçados. Aliás, o espaço é muito bem utilizado nesse filme. Várias cenas se passam no pequeno espaço de um cortiço, que possibilita a aproximação quase íntima do casal de apaixonados mas, ao mesmo tempo, vigia e impede a relação.

Outro uso clássico da perspectiva ocorre em inúmeros filmes de faroeste, quando se dá o duelo armado entre dois protagonistas. O "bandido", com seu revólver em primeiro plano, e, ao fundo, o "mocinho", cujo tamanho em perspectiva parece menor que o revólver do adversário. Isso nos dá a sensação de quão difícil será para ele superar esse duelo.

O cinema e seus diretores

O jornalista e cineasta americano Laurent Tirard teve uma ideia brilhante. Escolheu algumas questões ligadas à direção de filmes e entrevistou 20 dos maiores diretores atuais de cinema do mundo, como Martin Scorsese, Pedro Almodóvar, Sydney Pollack, Woody Allen, Wim Wenders, Bernardo Bertolucci, Oliver Stone, Wong Kar-Wai e Jean-Luc Godard. Todos responderam às mesmas questões, que versavam principalmente sobre desenvolvimento do roteiro, escolha e direção de atores, necessidade de ensaios ou improvisações e organização das filmagens.

O resultado impressiona.

As diferenças e as divergências são tão grandes que fica difícil perceber que se trata de pessoas com a mesma profissão. Um aluno de cinema que tentasse buscar um modelo de ação ficaria absolutamente perdido. Talvez isso não seja ruim, pelo contrário. Talvez demonstre as extremas possibilidades de criação dessa arte.

É também uma forma de perceber quanto a realidade de um filme é diversificada, até mesmo em sua produção. Como diz Tirard (2002, p. 10), "o aspecto mais fascinante desses encontros era a maneira como demonstravam que cada diretor tem uma solução própria para o mesmo problema – e que todos eles têm razão".

Vejamos alguns exemplos dessa diversidade. Entre outros motivos, para que possamos, ao percebê-los, criar também soluções próprias para problemas semelhantes com os quais muitas vezes nos defrontamos ao dirigir cenas psicodramáticas.

O cinema tem uma linguagem? Sim, dizem textualmente Sydney Pollack e David Cronenberg. Muitos os seguem ao salientar a importância do planejamento e de regras de ação. Alguns, entretanto, como John Woo e Lars von Trier, desconhecem o cinema como linguagem.

E se o psicodrama tivesse nascido no cinema?

Então o que é importante ao fazer um filme? Ter uma ideia, algo a dizer, uma intenção pessoal, respondem diretores como Martin Scorsese, Pedro Almodóvar, David Lynch, Emir Kusturica e Oliver Stone. Este último chega a dizer que um filme é um ponto de vista e o que sobra, incluindo atores e roteiro, é cenário. Pollack, ao contrário, revela que não quer expressar nada, só quer explorar, e von Trier faz coro quando afirma que não faz filmes para expressar ideias, mas emoções. Cronenberg diz não saber por que filma e John Woo radicaliza, comentando que faz filmes para si mesmo e que seus filmes não criam uma ponte entre ele e o mundo.

E o que é importante para experimentar um filme ou expressar uma ideia por meio dele? As imagens? Para Scorsese a imagem é mais importante que a narração, pois uma imagem forte transborda substâncias. Para John Boorman, a preparação do espaço nas relações físicas entre objetos e atores é essencial para obter uma boa imagem, e isso passa a ser central. Muitos outros o seguem descrevendo técnicas de composição espacial que consideram fundamentais. Takeshi Kitano chega a dizer que a prioridade de uma cena é a composição da imagem. Tim Burton afirma que as imagens fortes não só podem substituir a história como se transformam nela. Para Bernardo Bertolucci, o filme é a transposição de ideias em imagens. Outros, como Kusturica e Almodóvar, realçam haver um uso abusivo da imagem, embora Kusturica realce a importância dela ao dizer que evita transmitir sentimentos dos atores por diálogos, preferindo o poder da imagem. Jean-Luc Godard aponta que a imagem traz o visível e o invisível, e não se deve fixar apenas no visível. Questão semelhante levanta Wong Kar-Wai quando declara que a intenção tem de permanecer em segredo.

Tendo-se ou não uma intenção e realçando-se ou não a imagem, como se dá a narrativa? Win Wenders diz que o mais importante é contar histórias. Almodóvar as narra seguindo seus instintos e Ethan Coen usa o roteiro apenas como ferramenta. Woody Allen diz que o diretor tem de ser o senhor do filme, com muito planejamento e equilíbrio, com o que concorda Kusturica. Claude Sautet relata que, mais que dirigir, é importante pilotar a cena. Linch diz que o que interessa não é criar uma história, mas criar um mundo, uma atmosfera na qual o espectador imerge. O ensaio deve ser utilizado com cautela, pois seu excesso pode diminuir a magia e o frescor da cena. Já Wenders necessita viver muito uma cena antes de filmá-la e, portanto, usa muito o ensaio, como Cronenberg.

Sendo ou não relevante a maneira como se constrói a narrativa, qual é a importância da câmera ao criá-la? Para Kusturica, a alma da cena está diante da câmera e por isso ela deve controlar a filmagem. A primeira coisa que Bertolucci propõe é olhar o visor da câmera como se os atores estivessem ali atuando. Burton e Woo se assemelham a Bertolucci, mas colocam os atores reais no cenário. A partir daí escolhem os melhores ângulos de composição. Kar-Wai coloca-se perante a câmera, que é apenas uma ferramenta, como um espectador se colocaria perante o filme. Cronenberg posiciona a câmera como se fosse um ator, mas salienta que o valor dela não pode ser absoluto. Woo dá muito destaque às objetivas e explica que as escolhe pelo que elas podem dar de extremo na filmagem. Sautet e Allen realçam a importância do controle e do planejamento, mas von Trier comenta que se o diretor controla muito a filmagem ela vira só execução. Talvez por isso prefira deixar os atores à vontade, se divertindo. Esse quesito, o dos atores, é um dos mais difíceis. Kusturica recomenda dirigi-los firmemente. Boorman ensaia com eles, incluindo o que acontece antes e depois da cena. Também gosta de produzir

E se o psicodrama tivesse nascido no cinema?

uma tensão no *set*, a exemplo de Sautet, que também propõe direção firme e gosta de produzir incertezas no ator, assemelhando-se, nesse sentido, a Stone, que acha importante produzir um espaço de desconforto para o ator. Segundo Kar-Wai, o ator deve ser escolhido por paixão e o que esse ator realiza na filmagem pode se tornar mais importante que o próprio personagem. Em outras palavras, o ator, em seu trabalho, pode mudar o personagem e a história. Assim, os atores podem surpreendê-lo. Cronenberg diz algo semelhante: para ele, os atores têm sua própria realidade. Para Kitano, a escolha dos atores não se dá por empatia e paixão, mas por critérios rigorosos. Por exemplo, ele prefere escolher atores que nunca desenvolveram um trabalho com aquele tipo de personagem para que o resultado seja mais surpreendente. Bertolucci diz que o principal para o trabalho com atores é saber escolhê-los. Os irmãos Joel e Ethan Coen acreditam que ensinar os atores não é papel dos diretores e preferem deixá-los à vontade, no que são seguidos por Wenders e Jeunet. Este chega a dimensionar como essencial o diretor saber curvar-se perante o ator. Godard também gosta de deixar cada ator realizar seu trabalho, embora afirme a importância de separar o ator do papel. O ator interpreta o papel, não é o papel.

Essa pequena avaliação de como se relacionar com os atores foi feita com base na dimensão do diretor. Poderíamos pensá-la a partir do ator. Marlon Brando, por exemplo, costumava testar seus diretores. Atuava nas cenas de duas maneiras diferentes. Em entrevistas, disse que se o diretor resolvesse escolher a atuação que Marlon considerasse a pior desinteressava-se do filme.

Alguns diretores usam preparadores de elenco. Outros não. Entre nós, no Brasil, está uma das grandes preparadoras de elenco do cinema, Fátima Toledo. Trabalhou nesse ofício em filmes intensos, como *Pixote*, *Cidade baixa*, *O céu de Suely*, *Cidade de Deus* e *Tropa de elite*. Em entrevista ao *Diário de S.Paulo* (Alencar, 2007), Fátima expôs uma das questões centrais de seu método: ela discorda de que um ator deva treinar seu papel convivendo com as dimensões em que este se situa no real. Assim, treinar uma atriz para representar uma prostituta não é deixá-la alguns dias num prostíbulo. Isso é só imitação, diz ela. Prepara-se uma atriz para esse papel retirando o que ela tem dentro de si de prostituta. É o que o ator tem dentro de si daquele personagem que deve vir à tona e não a imitação.

As questões técnicas da filmagem, como iluminação, som, cores, movimento da câmera, escolha da objetiva e uso de *zoom*, também apresentam muitas divergências. O *zoom*, por exemplo, é considerado um brinquedo por Cronenberg, que não o usa. Wenders já pensou assim, mas diz ter mudado de ideia. Alguns diretores acham que o *zoom* é uma "traição" pois, se o olho humano não é capaz de realizar seu efeito, por que usá-lo? Talvez por isso Pollack tenha dirigido uma cena do filme *A firma* (*The firm*, Sydney Pollack, EUA, 1993) pedindo para o operador da câmera mover o controle do *zoom* tão lentamente a ponto de tornar quase imperceptível para o espectador o movimento do plano. A importância do som e da trilha sonora é também discutida. Autores como Kusturica, Kar-Wai, Lynch e Woo salientam bastante o papel da musicalidade nos filmes que realizam. Woo chega a referir que a música é o seu primeiro critério para dimensionar o momento do corte.

Algumas dessas questões que tentei organizar com base nas entrevistas feitas por Tirard servem muito claramente para nós, diretores de cena psicodramática. A preparação dos atores é uma

E se o psicodrama tivesse nascido no cinema?

delas, assim como a organização da cena, a criação de um "mundo mágico" onde o protagonista fique imerso, a importância da plástica da cena e dos efeitos "cinematográficos", a profissionalização ou não dos egos-auxiliares e a diretividade ou não na condução. Tantas questões...

Como pode um diretor de cinema usar essas particularidades e essa diversidade para produzir efeitos interessantes para o espectador? Em vez de tentarmos responder a essa pergunta diretamente, vamos resumir alguns aspectos de um documentário brasileiro chamado *Estamira* (Marcos Prado, Brasil, 2004), que nos foi apresentado poucos anos atrás.

Estamira

Estamira é uma mulher psicótica crônica de meia-idade que passa a maior parte do tempo num grande lixão do Rio de Janeiro. O filme, em estilo moderno, deixa que as imagens falem e nos mostrem a materialidade dos acontecimentos e a concretude dessa configuração não habitual que tanto nos fascina e nos assusta: a loucura. No compromisso de narrar as perspectivas e as vivências de Estamira, o documentário abdica de interpretações mais imediatas, que poderiam ser belas, mas talvez limitadas. Assim o lixo, em vez de representar sua inutilidade, seu mundo interno desorganizado, representa a condição da matéria na qual ela vive.

Na primeira meia hora, o documentário mostra Estamira buscando coisas no lixão: utensílios, adereços, enfeites e, principalmente, comida. O revirar do lixo desperta no espectador uma sensação desagradável, um constrangimento, ou mesmo um quase nojo. Assim nos oferece uma primeira ideia do que é a loucura de Estamira.

Abusando em passar essas primeiras sensações, o filme em seguida nos leva para o barraco de Estamira. Um local de uns 15 metros quadrados, onde ela mora com sua filha e alguns netos. Então eles comem, conversam, dormem, brigam, enfim, se situam. O ritmo do filme fica mais intenso, com imagens se sucedendo rapidamente e carregado da fala de Estamira.

Não é uma fala fácil. É a fala de uma psicótica crônica. Sem textualidade, com uma sintaxe desarticulada, de um eu sem nome, despossuído, que se transforma a todo momento num ele, seu porta-voz. Essa fala, que visa antes de tudo confirmar sua própria existência, não se valida pelo conteúdo, mas pela forma tensa e muitas vezes violenta. Violenta porque nos remete ao horror do silêncio dos sentidos, na ausência de um articulador que sustente o próprio sentido. Não há a trivialidade de uma conversa cotidiana. Essa fala mostra o impasse de sua subjetividade, essa borda do humano, essa forma quase vazia de ser, de corpo e de desejos.

Se sua fala tem como função demonstrar a fragilidade de sua estrutura, essa fala quase não consegue a interlocução. Se não tem um eu que a sustente, não há um aqui e um agora. Sem espaço e tempo que possa compartilhar, seu espaço e seu tempo são alucinados. O presente perde sua funcionalidade, não há nenhuma verdade assegurada sobre seu passado e seu futuro não contém nenhuma previsão. A cadeia temporal se desgoverna.

Estamira não é um robô sanguíneo... Estamira tá num transbordo, tá no meio do invisível... o homem é o único condicional... a doutora é copiadora porque ela passa remédio para a raiva... quem anda com Deus larga de morrer?... Estamira é abstrata... Es-

E se o psicodrama tivesse nascido no cinema?

tamira está em todo lugar, está no canto do mundo... eu não gosto que ninguém ofende cores e formosuras... Eu sou a visão de cada um... Ninguém, nada, vai mudar Estamira...

Essas frases são faladas com intensidade, quase que com volúpia. Estamira nos conduz a um enorme desconforto principalmente porque quebra a lógica de nossa linguagem. Ela nos leva ao encontro do vazio, da não identidade, do limite da subjetividade.

Ao jogar torrencialmente essa fala sobre nós e a nos prender a Estamira e seus familiares por mais meia hora, o cineasta nos denuncia e nos obriga a querer sair dali. A volta ao lixão, antes motivo de nojo e desprazer, agora nos dá a sensação de liberdade. O lixão se redimensionou. O diretor, jogando com ritmo, tempo e espaço, nos faz sentir a liberdade que Estamira sente no lixão. Identificamo-nos mais profundamente com ela. A loucura de Estamira, agora menos neutralizada pela nossa intelectualidade, se redimensiona. Mais ainda, reproduz em nós uma vivência de certa quebra da lógica da linguagem, e dos parâmetros de tempo, espaço e outros mais.

Como podemos nós, terapeutas, aprender com esses cineastas a manipular variáveis e a produzir intensidades?

3
Cinema e realidade

Como se dá a realidade numa cena psicodramática?

Por mais difícil que seja essa resposta, ela tem de ser buscada pelo psicodramatista que se proponha a atuar de maneira mais completa e sair da resposta imediata de que a cena se passa no "como se". O que isso significa, o "como se"?

Talvez, se entendermos um pouco da relação cinema/realidade, possamos aproveitar tais conhecimentos para iluminar um pouco nossa própria questão. Não que seja mais fácil entendê-la no cinema. Ao contrário, na extrema amplitude e divergência de conceitos que existe entre os teóricos da área, lá a questão é ainda mais difícil. Como dimensionar a realidade numa sequência de fotografias, que é o que constitui um filme? Ou mesmo numa única fotografia? Mas os teóricos do cinema têm discutido exaustivamente essas questões. Um pouco de suas conclusões talvez possa nos ajudar. É esse o sentido deste capítulo.

Os cineastas costumam ser divididos em dois grandes grupos: formalistas e realistas. Como quase toda classificação, nem sempre a linha de separação é tão nítida. Mas é útil.

Formalistas são os que interferem muito no objeto-filme, principalmente utilizando montagens e outras técnicas formativas. Eisenstein talvez seja o principal representante deles.

Realistas são os que acreditam que a realidade surge no processo de filmar, nas imagens que captam o mundo. Em geral, costumam preferir planos longos com poucos cortes, dando menor importância à montagem e a outros processos formativos. Bazin talvez tenha sido o principal teórico desse grupo.

As primeiras questões talvez possam ser delineadas assim: qual a realidade em um fotograma, ou em uma sequência deles? Qual o papel do espectador na captação dessa realidade?

Depois dessas, outras questões surgirão versando sobre o papel do cinema na sociedade, de cunho ideológico e psicológico, como a das identificações do espectador.

Voltemos às primeiras tomando um exemplo dado por um desses teóricos: se tirarmos uma fotografia de uma mesa de jantar retangular, de uns quatro ou cinco metros de comprimento, veremos um trapézio pois a parte proximal parecerá maior. Mas, quando olhamos a mesa real, ela nos parece retangular, porque nosso cérebro "corrige" a distorção visual.

Como acontecem esses processos no cinema? Obviamente são dimensões bem mais complicadas, já que um filme não é apenas uma fotografia isolada, mas uma sequência disposta de tal maneira a oferecer a sensação de movimentos. Há, além das fotos reais, o uso do intervalo de projeção entre elas. Pensado assim, o filme é uma ilusão.

Alguns teóricos usam a neurofisiologia e a Gestalt para entender os mecanismos desses processos. A compreensão vai muito além da famosa retenção das imagens na retina. Mas,

E se o psicodrama tivesse nascido no cinema?

para nós, leigos, tal discussão seria cansativa e pouco interessante. Podemos abdicar e nos fixarmos nas perguntas iniciais. Para isso vamos nos deter em alguns autores, numa ordenação próxima da cronológica, ou seja, dos primeiros teóricos para os atuais. Poderemos perceber nos primeiros pensadores uma preocupação maior com os mecanismos do cinema, tanto mentais quanto técnicos. Aos poucos a preocupação se encaminhará para a discussão da realidade presente nos filmes e isso será uma porta aberta para o entendimento das questões ideológicas e, dentro delas, para o significado social do cinema. Paralelo a isso aumentará a influência do conhecimento da psicanálise nas análises feitas bem como a descrição psicológica da experiência de ser espectador.

Para Munsterberg, a mente, ao conferir movimentos a uma série de sombras, cria uma realidade significativa. O filme, portanto, não existe no celuloide ou na tela, mas na mente do espectador. Obedece, assim, aos processos psicológicos desse espectador, e não às leis do mundo exterior. Atenção, memória, imaginação e emoção comandam, e não tecnologias. Isso inclui, como aponta Ismail Xavier, a participação afetiva e ativa do espectador. Ele sabe que a profundidade é uma aparência e envolve-se na ilusão.

Para Arnhein, no cinema acontecem desvios da nossa experiência do real pela projeção de sólidos numa superfície bidimensional, pela redução de um sentido de profundidade, pela ausência de continuidade temporoespacial, pela montagem, pela menor participação dos outros sentidos e por outros truques e artifícios. A base do cinema é, portanto, sua tecnologia. Como profundo conhecedor das teorias gestálticas, esse teórico acreditava que a mente atua na realidade de tal modo que confere a ela não só seu significado, mas também suas verdadeiras características físicas. A experiência cinematográfica é, portanto, irreal.

Em Eisenstein um filme não é apenas o resultado do processo criativo do diretor. Sem a participação da plateia não existiria a arte. É o espectador que, com suas metáforas, dará significado às imagens. É preciso, portanto, mobilizar a plateia. Para isso, cada plano terá atrações que vinculem o espectador. Atração, segundo o autor, entendida como todo elemento que submete o espectador a uma ação sensorial ou psicológica com o propósito de nele produzir certas emoções. Na busca desses elementos, muitas vezes Eisenstein usava imagens ou conceitos conflitantes para atingir o espectador. As técnicas do cinema estão a serviço do diretor para criar essas atrações. Elas nascem não apenas do desejo do diretor e dos significados que ele confere, mas também da mente do espectador. Cada plano se insere numa situação mais ampla dentro dos princípios da animação, até que se faça um todo, que é o filme. Câmera e montagem são fartamente utilizadas para a realização dessa atração. Mas elas estão também a serviço de uma visão de mundo, de uma perspectiva ideológica. E o filme deve ter ainda um discurso interior, fluxo e pensamentos não formulados em construções lógicas, que se apresenta numa estrutura de imagens e percepções.

Kracauer prioriza o conceito sobre a forma artística. As artes tradicionais buscam a transformação da vida, mas o cinema é mais profundo porque apresenta a vida como ela é. A fotografia registra os objetos visíveis e não os deforma. Ela vincula o cinema a essa natureza, quase faz parte dela. Mesmo que apresente transformações desse objeto, ela é registro, é reprodução. E o cineasta tem de deixar claras suas intenções perante a realidade que foto-

E se o psicodrama tivesse nascido no cinema?

grafa. Não é necessário que se faça uma manipulação artística dessa realidade. As histórias dos filmes podem nascer no próprio local, na própria cultura de onde se fotografa. O cineasta procurará revelar a dimensão humana das questões dessa cultura. Aí ele encontrará sua história e a mostrará apaixonadamente ao espectador. *Ladrões de bicicletas* (*Ladri di biciclette*, Vittorio De Sica, Itália, 1948) é um exemplo disso, segundo Kracauer. Todas as outras técnicas de cinema são suplementares. Por isso mesmo o cinema é mais produto da fotografia que da montagem ou outras técnicas formativas.

Para Bazin o homem é convidado a descobrir o mundo pelo cinema. A imagem desse mundo é formada automaticamente pela máquina, sem a intervenção do homem. É esse o poder do cinema, o poder das imagens registradas mecanicamente, e não o poder da manipulação artística dessas imagens. Só assim o cinema atinge a plenitude de ser a "arte do real". Mas, se existem várias dimensões da realidade, são as dimensões visual e espacial que ele mostrará. Mas não é apenas no aspecto físico em si, mas sim numa dimensão psicológica desse visual e desse espacial. Assim, a matéria-prima do cinema não é a realidade em si, mas as marcas deixadas por ela no celuloide. E esse celuloide, mais veículo da natureza que do homem, nos mostrará aspectos do mundo que não éramos capazes de ver, ou não queríamos.

Também em Dziga Vertov há a necessidade de revelar o que está oculto sob a aparência da trama social: "Por cine-olho entenda-se o que o olho não vê". O humano, em suas dificuldades, perde-se na percepção dos fatos. A máquina que é o cine-olho está mais equipada em captar essa orquestração, em ajudar nessa luta ideológica. Assim, ele realiza um documentário no qual o protagonista é a cidade, *Um homem e uma câmera* (Rússia,

1929). O cineasta filma a cidade e seus acontecimentos. O filme propõe aproximar-se do real da cultura, e os cortes permitem vivenciar diferentes modos de viver o tempo e o espaço. O ritmo frenético da hora do *rush*, a lentidão do entardecer e outros ritmos vão se adaptando ao compasso da vida na própria cidade. Walter Ruttmann faz algo semelhante com *Berlim, sinfonia de uma cidade* (*Berlin: Die Sinfonie der Großstadt*, Alemanha, 1927).

Para Mitry, a realidade surge para o humano bastante diversificada. Nós escolhemos captá-la desse ou daquele modo. No cinema, alguém nos direciona para essa ou aquela concretude, sugerindo-nos significados específicos. Estamos, portanto, na visão de mundo de outra pessoa. E o cinema trará essa visão, ao contrário do teatro, por meio de uma mobilidade de ângulos e imagens, assim como de uma descontinuidade do tempo. A tirania da cena é rompida, a organização cinemática é livre. A câmera móvel, a montagem, a ruptura do espaço e do tempo fazem do cinema mais que uma reunião contínua de cenas. Qualquer que seja o estilo do cineasta, será aceito por Mitry, desde que traga as imagens e os objetos por ele representados de uma maneira humanamente interessante.

O filósofo Merleau-Ponty, assim como fez com o psicodrama, voltou-se também para o entendimento do cinema. Essa arte traz a recuperação do visível, ensinando uma nova relação com o mundo. E o que é revelado já está na superfície, mas nem sempre sabemos vê-lo:

Cólera, vergonha, ódio ou amor não são fatos psíquicos ocultos no mais profundo da consciência, são tipos de comportamento ou estilos de conduta visíveis pelo lado de fora... Estão sobre esse rosto ou nestes gestos e nunca ocultos por trás deles [...] (Merleau-Ponty *apud* Xavier, 1983, p. 109).

E se o psicodrama tivesse nascido no cinema?

Nesse sentido, um filme não é para ser pensado, mas percebido. Em Merleau-Ponty, a filosofia preocupava-se não apenas em encadear conceitos, mas em descrever a fusão da consciência com o universo, com seu próprio corpo e com outras consciências. E o cinema é uma arte moldada para essa descrição.

O cinema adaptou-se às necessidades subjetivas, diz Morin. A obscuridade em seu fascínio de sombra, o mundo ao alcance das mãos, a montagem, o movimento real, a procura de elementos comoventes, a lentidão do tempo, a diversidade de ritmos, a música, o primeiro plano com a nova descoberta do rosto, os ângulos de filmagem, o deslocamento da câmera, tudo isso são técnicas de participação. O que há de mais subjetivo, o sentimento, infiltrou-se no que há de mais objetivo, a máquina de filmar. Essas estruturas mágicas do cinema nos trazem a concretização da subjetividade. Todas as construções do cinema ligam as estruturas da subjetividade às imagens objetivas, pois onde a magia é manifesta a subjetividade é latente.

Epstein acredita na possibilidade de o cinema revelar as atitudes humanas. Assim, ele deve abalar o senso comum dominante criando uma nova ordem perceptiva que questione o sujeito, que desestabilize suas verdades, sua ordem espacial e temporal. Surgem, então, novas estéticas, como a da proximidade, pois entre o espectador e o espetáculo não há nenhuma rampa a ser vencida. O cinema traz também nova estética de sucessão, de rapidez mental, de sensualidade, de metáforas e tantas outras. Essas novas representações levam vida à realidade artificialmente combinada que é o cinema. E aí ele se torna subversivo.

Mas nem sempre o cinema cumpre essa tarefa. Segundo Félix Guattari (1984), o cinema e a psicanálise são duas faces da mesma moeda conservadora e alienante, que não permitem ao desejo realizar-se fora da ordem social capitalista. É o divã do pobre, comprometido com as formas de representação dominantes.

Para Buñuel, o cinema pode ser subversivo, mas nas mãos de um espírito livre. A realidade no cinema neorrealista é incompleta, pois desprovida de poesia, de mistério. Ele luta por um cinema que amplie essa realidade, que penetre o mundo maravilhoso do desconhecido. A realidade tangível tem de ser ampliada e isso será feito pelo cinema que reproduza o sonho, as emoções, o instinto.

J. L. Baudry (*apud* Xavier, 1983) retoma a questão cinema/ideologia por outros ângulos. O sistema integrado câmera/imagem/montagem/projetor/sala escura não é neutro. O código dominante da cultura ocidental faz do olho o centro virtual da representação do mundo, o princípio de coerência e ordem. O cinema, ao aceitar essa variável, dá ao espectador a ilusão de que ele é o centro de tudo. Assim, o sujeito se vê como o lugar originário de sentido. Esse idealismo, portanto, encontra-se na própria origem de como o cinema se realiza. Mas, independentemente disso, o cinema traz outra dimensão. Ele oferece a possibilidade de uma identificação que reproduza a fase de espelho, descrita por Lacan, e tão estudada em nossa matriz da subjetividade. Isso pode fazer do cinema um espaço privilegiado para as nossas identificações como adultos. A constituição do espectador como sujeito a partir desse olhar, esse jogo de identificações e a participação afetiva desse espectador oferecem ao cinema o mecanismo ideológico presente na relação espectador/câmera. A dúvida é saber se o sujeito, nessa estrutura, consegue se constituir e se apreender.

O diretor Stan Brakhage (*apud* Xavier, 1983) concebe o cinema como uma instância de olhar para dentro, de encontrar na subjetividade as visões mais verdadeiras bloqueadas pela grade social. Fazer cinema é reconstruir a experiência pessoal de ver em todos

E se o psicodrama tivesse nascido no cinema?

os níveis, usando a câmera como extensão do olhar e do corpo. Câmera que busca novos ângulos naquilo que nos é familiar.

Não por acaso deixamos para o final a descrição de Hugo Mauerhofer (*apud* Xavier, 1983) sobre os aspectos psicológicos da "situação cinema". Tais aspectos serão importantes para nós quando tentarei formular um esboço do que seria a "situação--psicodrama". Para ser o mais fiel possível ao autor, procurarei usar, dentro do possível, suas próprias colocações. Quando um ser humano entra num cinema, ele se isola o mais completamente possível do mundo exterior. Há uma fuga voluntária dessa realidade cotidiana. Se a sala permanecer escura, sem a projeção do filme, a resposta psicológica será a sensação de retardamento do tempo e, em consequência, uma sensação de tédio. Há também uma modificação da sensação de espaço, em função da penumbra, o que facilita o aumento da atividade da imaginação e anula parcialmente a barreira entre consciente e inconsciente. O tédio e a exacerbação do imaginário preparam o terreno para outros aspectos psicológicos que ocorrerão depois do início da projeção: a posse do filme pela imaginação e um desejo de ação intensificada. Confortável e anônimo dentro da sala, o espectador passa a esperar essa ação. Tem, portanto, um estado passivo e espontâneo. Mauerhofer compara isso ao estado de início do sono. Só que no cinema os sonhos já vêm prontos. Nessa situação o inconsciente torna-se mais presente, ativando o arsenal de repressões e trazendo à tona nossas mais reprimidas fantasias. A experiência do cinema dá à imaginação as substâncias de que ela tanto necessita. Isso pode se refletir no comportamento do espectador mesmo após o término da sessão, principalmente se suas fantasias malogradas ganharam muito espaço durante o filme. É também importante perceber que o espectador está, mais que em qualquer outra forma de espetáculo, anônimo. Anônimo por estar no escuro; anônimo por seus sentimentos não estabelecerem contato direto com os artistas, ao contrário do teatro; anônimo porque tem pouco contato com os circundantes. O indivíduo é remetido às suas associações mais íntimas.

Todos esses aspectos psicológicos dão ao cinema uma função psicoterápica, pois torna a vida mais suportável a inúmeras pessoas. Provoca reações às fantasias proteladas, compensa perdas, serve de alimento à imaginação e alivia o fardo da vida cotidiana, até que a realidade inexorável as recupere para sua característica aspereza.

4

Roteiro, montagem e formas narrativas

Quando comecei a atender grupos de terapia – isso já faz 30 anos –, era-me muito importante realizar sessões com protagonistas individuais. Era assim que todos nós fazíamos. Hoje muita coisa mudou. Em um ano de terapia de um grupo, atualmente, faço uma ou no máximo duas dessas sessões. O trabalho com protagonistas isolados é mais raro e feito quase sempre por meio de vinhetas curtas. Claro que tenho, para cada cliente, duas ou três cenas que irão ser dramatizadas em determinados momentos do processo.

Meu roteiro de terapeuta mudou e, consequentemente, mudou também a montagem.

Isso se deu por três motivos: primeiro, porque minha ideia do que é terapia se transformou. Segundo, pelo entendimento mais fundo, para mim, do que é uma cena. Terceiro, pelo que andei aprendendo com livros e com amigos sobre o que é o cinema.

É um pouco desse terceiro tópico que queria abordar agora. De início esboçando conceitos que tenho aprendido e depois, nos últimos capítulos, de uma maneira mais prática.

Roteiro

Como pensar a relação entre roteiro/cinema e roteiro/terapia, ou mesmo roteiro/psicodrama? Nos últimos anos tem surgido nos roteiros cinematográficos uma mudança substancial. Ela se relaciona com a continuidade das cenas e, em consequência, com a importância de cada cena isolada. Por incrível que pareça, isso tem muito que ver com a nossa teoria do momento.

O roteiro ainda não é uma obra. Ele pode ser entendido, de modo simples, como relações entre cenas escolhidas que serão filmadas. É quase sempre dividido em partes separadas, cada uma composta de suas cenas e cada cena composta em seus diferentes ângulos. As cenas são, quase sempre, espacialmente descontínuas. O roteirista dirige seu projeto visando à atenção do espectador para a ação, o mesmo acontecendo durante a montagem. Em outras palavras, o roteirista está sempre buscando a relação de conhecimento entre a ação que propõe e o que o espectador consegue absorver.

É claro que o diretor poderá seguir mais ou menos rigidamente o roteiro que tem nas mãos. E filmará as cenas propostas de modos diferentes. Uns se preocuparão com o sabor da história contada, outros com a força da imagem a ser filmada, e outros ainda com o movimento da câmera. Alguns talvez usem planos longos e outros farão cortes contínuos. Quando analisamos as diferentes posições dos diretores entrevistados por Tirard, vimos quão diversa é a postura de cada um. O roteiro, entretanto, é o mesmo. O diretor que o usará à sua maneira.

Há uma diferença inicial muito importante entre o roteiro de um filme e o roteiro de um processo de terapia. No filme, o texto

E se o psicodrama tivesse nascido no cinema?

já está concluído. Podemos fazer diferentes interpretações sobre o conteúdo, mas ele já está fechado. Na terapia, o texto está aberto. Podem existir algumas predeterminações, mas o encaminhamento encontra-se em processo de desenvolvimento, sendo construído a cada sessão. Até porque esse processo é feito por duas ou mais pessoas (quando a terapia é em grupo). A pessoa pode interferir, reagir, abandonar a terapia, transformar-se.

Talvez pudéssemos comparar a terapia muito mais ao processo de filmagem que ao filme pronto.

Nas novelas e nos seriados de temporada, há algo de intermediário, já que muitas vezes a sequência dos fatos depende de como o público recebe o que acontece e do como ele se aproxima ou se afasta de cada personagem. Existem hoje muitos parâmetros que servem para medir, numa novela ou num seriado, a aceitação do público. Curvas, gráficos, porcentagens; tudo isso comanda o "ibope". Existem cursos para ensinar como fazer o ajuste na curva dramática ou mesmo como inserir algo na trama. Uma inserção precoce ou tardia pode diminuir o interesse do telespectador. Até mesmo os patrocinadores tendem a seguir tais medidas. Diante disso, os diretores costumam traçar estratégias: fazer uma virada inesperada, deixar o último capítulo de uma temporada em aberto, fazer capítulos desaquecidos à espera de outros mais mobilizadores e reconstruir um personagem são alguns exemplos.

Quero acreditar que um terapeuta dificilmente guiaria as sessões com seus clientes pelas estatísticas de aceitação ou por curvas de inserção. Terapia não é entretenimento. No entanto, alguns desses conhecimentos poderiam ajudar os profissionais que trabalham com cenas. Voltaremos a isso na prática.

O que está em jogo na questão conceitual do roteiro, a meu ver, é a concatenação das cenas, o que remete às nossas questões fundamentais do que é terapia. E, mais uma vez, o cinema pode nos ensinar algumas coisas.

O roteiro típico de Hollywood é formado por heróis, anti-heróis e quebra-cabeças. O herói tem um objetivo e enfrenta intensos conflitos internos e externos para alcançá-lo. Ele é chamado à aventura e passa por provações até um clímax, onde se inicia a resolução. Ao vencer, se purifica e se transforma. Algumas vezes há, para atrapalhá-lo, um vilão violento e mau. Nesse esquema, existem muitas opções. O herói pode ser um anti-herói. Pode existir uma dupla de heróis ou de vilões. O vilão pode ser um sistema indefinido. Mas sempre existirão um objetivo e um conflito a ser vencido. A narrativa costuma ser linear e a maior preocupação é com a sequência das cenas. O espectador já conhece a causalidade lógica dessa sequência e se acomoda, esperando o final. Se ele quiser tentar antecipar esse final, pode desmontar as peças e remontá-las, como num quebra-cabeça, numa lógica de montagem que já conhece bem. É, portanto, uma sequência linear de fatos e informações encadeados pela lógica de causa e efeito. Ele pode sair feliz consigo mesmo por ter acertado a sequência ou pode chatear-se por ter errado. Mas sua vivência se circunscreve a isso. Em busca desse objetivo final, ele perde outras possibilidades de experimentar o filme.

Mas a narrativa pode seguir um roteiro diferente.

O filme pode chegar ao espectador como um conjunto de vivências e percepções que remetem a algum sentido proposto pelo diretor, mas cujo processo pode não ser tão linear e a causalidade lógica não tão ortodoxa. Não se trata, aqui, de embaralhar

E se o psicodrama tivesse nascido no cinema?

o roteiro para tornar mais difícil a conclusão do espectador. Isso não mudaria a proposta. Trata-se de realçar o valor maior de cada cena dentro de um sentido proposto, sem uma preocupação de encadeamento lógico tão rígido. Essa diminuição de um sentido finalista é compensada por uma maior valorização do momento de cada imagem, da cena vista. A tendência é a produção de uma diversidade de sentidos, alcançando mais as nossas diferenças, nossos desejos e, consequentemente, possibilitando uma maior chance de subjetivação.

Em *Amor à flor da pele* há uma espécie de lógica da memória, norteada pelas lembranças do personagem e não pelo encadeamento dos fatos. Tudo acontece como se cada lembrança amorosa puxasse outra lembrança amorosa, e outra e outra e outra... como se cada lembrança desejasse enganar a inexorabilidade do tempo. Num final intenso, o personagem, num ritual típico oriental, "assopra" esses esparsos e desordenados fragmentos da história de amor num orifício da parede, como a deixar ali suas lembranças para todo o sempre. Em *Estamira*, todas as imagens remetem a uma apresentação de um sentido de loucura que vai se transformando dentro de nós na sequência do filme. Mais que visualizar uma estrutura definida, o filme realça acontecimentos em sua materialidade, na diversidade dos sentidos. Algo sai do imediato da filmagem, transborda a imagem e origina diferenças. Cada momento do filme tem validade em si mesmo e mais intensa porque não se acopla a um final previsível.

Filmes como *Crash – No limite* (*Crash*, Paul Haggis, EUA, 2005), *Magnólia* (*Magnolia*, Paul Thomas Anderson, EUA, 2000) e *Dogville* (*Dogville*, Lars von Trier, França/Itália/Dinamarca, 2004) apresentam algumas dessas características.

Quebrou-se um pouco a ingenuidade de que a imagem oferece uma interpretação única, ligada ao finalismo do filme. A própria cena pode ser filmada de diferentes ângulos, incluindo a câmera subjetiva, originando diversas interpretações. A cena do estouro do ponto de drogas no filme *Cidade de Deus* (Fernando Meirelles e Kátia Lund, Brasil, 2002) é um excelente exemplo. A imagem pode suscitar essas diferentes interpretações do real, produzindo também diversas dimensões no espectador. A câmera já não é tão isenta, a política não está mais tão concentrada no olhar do autor e o filme abdica de ser o registro imediato da realidade.

Essas questões todas não lembram muito a teoria do momento?

Como podemos nós, diretores de cenas psicoterápicas, pensá-las não apenas como resolutoras de conflitos, mas também como espaços de subjetivação? Que validade cada cena teria como produtora de diversidades de sentidos? O que isso mudaria no roteiro de um projeto de sessão ou mesmo de uma sessão dentro do todo da terapia?

A comparação quase direta que fiz entre o roteiro hollywoodiano típico e a maneira como temos pensado nosso psicodrama pode parecer um pouco forçada. Mas, assim como o cinema tem procurado saídas mais proveitosas em seus roteiros, também nós podemos segui-los e buscar transformações. A proposta é que haja um sentido maior presente na terapia, com cada cena procurando trazer diversidades e interpretações diferentes do real, possibilitando espaços mais completos de subjetivação. Não foi isso que Moreno colocou quando disse que cada pessoa quer, dentro do palco, experimentar a realidade?

E se o psicodrama tivesse nascido no cinema?

Montagem

Um filme é, de início, muito mais longo que as duas horas clássicas que vemos no cinema. Num rico estúdio americano, ele chega, com frequência, a 20 horas filmadas. Aí podemos perceber como um diretor transforma seu roteiro em imagens. A duração final será decidida pelo roteiro, pelo diretor e, muitas vezes, pelo próprio estúdio. Ela levará em conta como os protagonistas se relacionam entre si, o cenário que os cerca, como a justaposição de imagens pode originar sentidos para o espectador. Alguns diretores costumam fazer várias tomadas de um mesmo plano e decidir na hora pelo que achar mais apropriado.

Mas o ponto crucial é a montagem do que foi filmado e isso será feito com o corte. As imagens são fragmentadas: não para ser destruídas, mas para que possam ser conduzidas de forma a narrar os acontecimentos do jeito que o diretor espera. Podemos ter justaposições, retardamento de imagens, duplicidades, simultaneidades, mudanças de ritmo, imagens sugestivas ou carregadas de intenso simbolismo. Nesse sentido a montagem pode ser vista como todos os métodos que dão textura à imagem isolada, integrando-a ao filme e dando significado aos planos filmados.

Um exemplo clássico de montagem simultânea é a do mocinho tentando desamarrar-se da árvore enquanto a heroína corre risco de despencar-se no abismo.

Uma cena bonita de montagem sugestiva acontece em *M, o vampiro de Dusseldorf* (M, Fritz Lang, Alemanha, 1931). Oriundo de uma história verídica, o filme mostra que o assassino assovia uma melodia. Na cena em questão, aparece uma criança com um balão. A imagem muda para o alto das casas, enquanto se ouve o assovio e o balão ganha os céus.

Geraldo Massaro

Para muitos teóricos, é nessa hora que se define um diretor, e não na filmagem em si. Como já vimos, os formalistas valorizam muito o processo de montagem. É como se em cada cena o diretor analisasse a ação a ser representada e a segmentasse num grande número de planos selecionando para o espectador o que considera mais importante. Pudovkin chegou a quebrar uma cena em 90 fragmentos, buscando uma intensidade dramática. Ele associava o comportamento da câmera com a de um espectador privilegiado, dando o centro da montagem a esse suposto olhar. Isso levaria o espectador a uma identificação mais profunda com o que acontece na tela.

No teatro, o ator tem de dar passos para cruzar o palco. No celuloide, não se espera essa sequência. Faz-se uma montagem fora do tempo e do espaço reais. A articulação do tempo e do espaço dependerá de como se organiza o corte. Concentram-se incidentes separados, como o início e o final da caminhada. Duas ou mais imagens serão aproximadas para produzir esse efeito. Nessas justaposições de imagens, o diretor pode produzir intensidades selecionando gestos, ângulos, encenações ou quaisquer outros elementos visuais. Buscará uma espécie de itinerário que melhor expresse a essência do filme.

Eisenstein usava com frequência imagens antagônicas. Os neorrealistas italianos, como Rossellini e Antonioni, utilizavam planos longos com poucos cortes, dando a noção de tempo parado. Vertov e Ruttmann tomaram a cidade como protagonista e seus documentários expressavam, nas diferenças de ritmo, a variedade dos acontecimentos do dia a dia dessa cidade.

Em *Dodeskaden* (Akira Kurosawa, Japão, 1971), o diretor apresenta a mesma cena duas vezes. Na primeira, um brutamontes

E se o psicodrama tivesse nascido no cinema?

alcoolizado, com uma barra de ferro na mão, sai quebrando os casebres da pequena vila onde morava. Um velhinho chega, diz alguma coisa que o barulho da chuva nos impede de ouvir e o homenzarrão, perplexo, joga a barra no chão. Na reprodução ouve-se o que o velhinho diz. Ele apenas pergunta: "Posso te ajudar?" Essa repetição torna lindo o efeito final.

Em *Cidade de Deus*, Meirelles repete uma cena várias vezes de ângulos diferentes. Cada ângulo traz uma sensação, algumas vezes opostas, permitindo-nos experenciar diferentes concepções dos diversos protagonistas.

Essa multiplicidade que o cinema propicia vai levar o espectador, em sua pessoalidade e em sua cultura, a decifrar de seu jeito as diferentes configurações, alcançando variadas sensações e emoções.

Nós, psicodramatistas, não temos na montagem a mesma praticidade que temos ao pensar o roteiro. Até porque ela é feita em cortes no celuloide e nós não trabalhamos com esse material. Ainda não. Mas o entendimento dessas justaposições, do enquadramento de gestos, do realce das imagens sugestivas ou simbólicas, do uso técnico de luzes e sombras e tantos outros elementos cinematográficos pode nos levar a ampliar nossa ação.

Certa vez, num grupo, duas clientes muito carentes disputavam intensamente espaço de dramatização. De súbito, propus dramatizar com ambas, cada uma numa cena isolada, no espaço oposto do tablado. Alternei as dramatizações até que, em dado momento, as duas cenas se confluíram numa só. Foi uma experiência muito rica para todos nós. Outra vez uma cliente com traços obsessivos elogiou-me dizendo que eu havia trabalhado muito bem na sessão anterior com outra protagonista. "Você mudou bastante sua forma de trabalhar", disse ela. Decompus a cena no elogio e na crítica velada, em duas cenas diferentes, dividindo o seu mundo interior ali, no tablado. Minutos depois, cada cena acontecia em épocas distintas. Essa dramatização ocorreu há muitos anos. Lembro que tentei, sem grande sucesso, fazer as duas dimensões se justaporem numa única cena. Hoje eu não me preocuparia com isso.

Formas narrativas

Talvez essa, entre as três questões propostas, seja a que mais diferencie nossa prática de dramatizações. E é, sem dúvida, a mais importante quando pensamos na subjetivação.

O teatro chamado clássico é, fundamentalmente, drama. O que supõe conflitos, diálogos e ação presentificada. O psicodrama, daí originado, é drama até no nome.

O cinema pode ser drama, pode ser épico, pode ser lírico.

Imaginemos uma cena no mar.

Um narrador conta a saga de um herói em suas batalhas navais. No fundo, grandiosas cenas desses acontecimentos sangrentos. Agora visualizemos pobres pescadores em seus frágeis barquinhos, conversando asperamente se continuam a pescaria ou não, perante a chuva que se aproxima. Por fim, imaginemos um anoitecer no mar, com a lua ao fundo em sua luz tênue, deixando o cenário com sombras prateadas, e um bando de gaivotas voando em direção ao nada.

E se o psicodrama tivesse nascido no cinema?

Três cenas e três propostas diferentes. Cada uma delas desperta sensações e emoções diversas, segundo nossa própria história e nosso momento de vida.

Mas o que é isto: drama, épico e lírico?

No *épico* o narrador se posiciona perante os fatos e os organiza como bem quer. Pode concentrá-los, dissolvê-los, subvertê-los, distendê-los, realçá-los, omiti-los, revelá-los. Dessa forma, busca refletir sobre tais fatos. O mundo objetivo, com seus personagens e sua materialidade, transcende a subjetividade do narrador, que não conta o seu estado de alma, mas a história de outros seres. Para isso, cria uma distância do mundo narrado, mas esse mundo é o foco. É como se o narrador se constituísse numa ponte entre nosso mundo e o mundo narrado. A visão é mais geral e cria um tempo e um espaço grandiosos. O corte do tempo é preciso e o narrador conhece o futuro dos personagens, pois descreve o que já aconteceu. A sintaxe é mais lógica e não carregada de sonoridades ou nuanças rítmicas. A câmera situa-se fora do personagem. A luz, que vem de cima, ilumina cada parte.

O *lírico* também usa um narrador, mas a narrativa é composta por manifestações subjetivas de um personagem pouco nítido. Nesse monólogo, o eu lírico transborda seus pensamentos, suas emoções e concepções com tanta pessoalidade que a realidade objetiva se mistura com seu mundo interno. É a fusão da alma que canta com o mundo, não havendo distância entre sujeito e objeto. Os fatos, as coisas ganham um contorno diferente, pois são vistas por alguém apaixonado, e tais fatos não têm poder de se interpor em tais vivências. O mundo só é evocado para dar mais intensidade à expressão, quase se tornando a expressão do mundo interior, que vem à tona por lembranças intensas e sensíveis. Prepondera a voz do presente, mas não como uma ação presentificada, e sim como um presente eterno, quase intemporal, permanecendo à margem do fluir do tempo.

Se o sujeito e o objeto se misturam, torna-se maior a passagem dentro/fora. Assim, os contornos, menos delineados, ganham outra expressão que reflete nos instrumentos. Valorizam-se mais o ritmo, a musicalidade das palavras e o encantamento das imagens, num transbordamento de subjetivismo. Há menor controle da luz, que é difusa, quase penumbra. Nessa indeterminação, não é nos conflitos que busco minhas diferenças, mas nas coisas que brotam do meu eu interior. Meu desejo, quase razão das coisas existirem, traz o diferente para mim. Assim, o lírico possibilita um espaço de subjetivação maior.

Vimos em Morin que o lírico segue as mesmas vias e linguagem que a magia, sendo esta a concretização da subjetividade. Ele também nos diz que onde a magia é manifesta a subjetividade é latente. E que as estruturas mágicas do cinema tornam reconhecíveis as estruturas subjetivas.

Brakhage (*apud* Ismail Xavier, 1983), nos mostra que o cinema é um olhar para dentro, um encontrar na subjetividade as visões mais verdadeiras bloqueadas pela instância social. A câmera vai procurar surpreender trazendo novas configurações, permitindo a busca da diferença. Esse olhar para dentro, essa busca da diferença, é o lírico.

Com Buñuel vimos que o cinema pode ser uma arma de transformação magnífica nas mãos de um espírito livre. Que ele pode reproduzir o mundo dos sonhos, da poesia, do mistério, de tudo que completa a realidade tangível. Isso é lírico.

E se o psicodrama tivesse nascido no cinema?

Merleau-Ponty aponta como o cinema permite a fusão da consciência com o mundo.

Tudo isso nos mostra a importância da relação cinema (cena), lirismo e subjetividade. Voltaremos a isso.

O *drama* não necessita de um narrador que o apresente, pois ele traz os acontecimentos por si mesmo, por meio dos diálogos de seus personagens em seus conflitos, em seus tensos entrechoques de desejos. Os personagens, em suas unidades bem preservadas, são sujeitos humanos em ação, cada um sendo objeto para o outro. A força do drama está na sua capacidade de trazer à tona os relacionamentos entre as pessoas, nas suas capacidades ou dificuldades de travar as mais diferentes relações entre si. Mas as coisas se dirigem para o mesmo fim, numa progressão dramática em que o que importa são os dramas pessoais. Não há muito espaço para histórias coletivas que envolvam processos culturais complexos. O desenvolvimento da história é fruto das decisões tomadas pelo personagem em busca da resolução de seus conflitos. A ação, portanto, é oriunda dos desejos pessoais que organizam as opções de vida. Como tudo se dirige para o mesmo fim, as relações entre os personagens ganham características de causalidade. Nessa exteriorização de diálogos, desaparece novamente a oposição sujeito/objeto, sendo o foco lançado sobre o objeto. O desenrolar da ação deixa a plateia com a sensação de um tempo contínuo, ininterrupto, que é o tempo desse diálogo. O que acontece acontece agora. Cada cena é um elo que não tem valor por si, mas o tem na medida em que proporciona um encaminhamento a um futuro que é desconhecido. O passado, ao contrário do épico, não surge apresentado pelo narrador, mas é evocado pelo próprio diálogo dos personagens. Os elementos da dramaturgia, como a musicalidade e o foco de luz, ficam direcionados para realçar a intensidade dessas ações e desses diálogos.

Embora pouco frequente, podemos ter interiorizações intensas colocadas na forma de diálogos, como no filme *O último tango em Paris* (*Ultimo tango a Parigi*, Bernardo Bertolucci, Itália/França, 1972) ou no final de *Eles não usam black-tie* (Leon Hirszman, Brasil, 1981).

O drama é dividido em melodrama, farsa, tragédia e comédia.

Drama é, portanto, diálogo, conflito e ação presentificada.

Nem sempre é fácil, num filme, numa peça teatral, numa relação amorosa, numa fotografia, num quadro, num ato humano, observar as diferentes formas narrativas. O filme *Cinema, aspirinas e urubus* (Marcelo Gomes, Brasil, 2005) inicia-se em branco e preto, simulando reproduzir o cenário do filme *Vidas secas*. Um caminhão vai atravessando esse cenário e o filme vai ganhando cor. É a maneira de o diretor avisar que se trata de outro Nordeste. Enquanto o caminhão adentra essa estrada, o rádio do veículo toca uma música bonita. A tomada é épica, mas a sensação despertada é notadamente lírica.

Quando um narrador se insinua na cena, o drama tende para o épico. Quando se usa a câmera subjetiva, tende para o lírico.

Como psicodramatistas, temos atuado nas cenas que dirigimos principalmente numa dimensão dramática, priorizando diálogos, conflitos e ação. Isso pode ser muito bom. Mas algumas vezes poderíamos obter uma transformação mais profunda usando outras formas narrativas.

E se o psicodrama tivesse nascido no cinema?

Brecht fez isso com o seu famoso distanciamento épico da plateia. Em seu *teatro épico*, ele busca, acima de tudo, o uso da arte cênica como instrumento de conscientização social. Sem exprimir seus próprios sentimentos, mas narrando estados de almas de outros seres, o narrador/Brecht propõe outro tipo de contato com o público. Ele tentará mostrar o homem em suas condições materiais, como elas se transformam e o que guia essas mudanças. O papel da cena é mostrar uma realidade na relação humano/mundo que o drama não mais consegue trazer à tona. Desenvolve cenas nas quais os protagonistas procuram denunciar as contradições das leis sociais às quais estão sujeitos. Ao trazer o cotidiano enfocado de maneira diversa, ele provoca um estranhamento no espectador, que julgará a situação não mais na primazia do emocional e do conflito, mas nessa distância crítica provocada também pelos atores, julgará pela consciência adquirida. A ordem do tempo não será linear e, em consequência, há uma descontinuidade nas cenas.

Em dramatizações de psicodrama, a técnica básica do drama talvez seja o diálogo intenso entre os personagens, com possível troca de papéis. A técnica típica do épico pode ser vivida no espelho e a do lírico, no solilóquio.

5

"Situação-psicodrama"

Asituação-psicodrama é composta pelas condições e pelo jogo de forças que interagem numa cena dramatizada.

Estamos chamando de cena, aqui, a unidade dramática baseada na continuidade espaçotemporal. Se mudarmos o espaço, muda a cena; se mudarmos o tempo, também. A cena pode ainda ser pensada como o momento privilegiado de inter-relações dos protagonistas numa dramatização, dentro das circunstâncias desta.

Por opção, estamos circunscrevendo nossas questões à cena terapêutica em grupo. Supõe-se, então, a busca de uma transformação. Em sua maioria, as observações podem ser estendidas para cenas não terapêuticas ou para cenas terapêuticas em processos individuais.

Costumamos dizer que a cena se passa no "como se".
"Como se" o quê?

Como se fosse verdade... Ao dizermos que a cena se passa no "como se", estamos dizendo que fingimos ser verdade o que nela acontece. Tudo se passa assim: o protagonista tem uma angústia oriunda de questões do passado, remoto ou recente. Essas questões podem vir de fatos reais ou de fantasias. Por meio de seu imaginário, ou seja, de seu conjunto interno de imagens, montamos com ele uma cena que reproduza tal situação, na expectativa de trazer o motivo da angústia à tona e resolvê-lo.

Nessa dimensão, a cena é tomada como se houvesse um acordo implícito entre todos de que ela ocorre num passo a menos que o real. Esse acordo (bom acordo, diga-se de passagem) permite que ela cumpra o seu papel. A cena também é tomada como uma reprodução.

O fato de existir esse acordo implícito que "finge" o real não diminui a criatividade. Primeiro, porque continua existindo um compromisso com o real. Segundo, porque, livres da responsabilidade do peso da realidade, as pessoas podem se soltar e se experimentar com mais facilidade. Se algo na cena der errado, podemos voltar atrás, reiniciar.

O fato de ser uma reprodução pode limitar a criação, mas não a impede. No cinema a reprodução é sempre igual porque está restrita ao celuloide. No teatro é quase igual porque há um roteiro a ser seguido pelo ator. Na cena psicoterápica a reprodução dos fatos não impede os novos caminhos trazidos pelos desejos ou medos do protagonista e também por sua visão de mundo.

De qualquer maneira o "como se" traduz um acordo e um fingimento, principalmente quando tomamos a cena como uma reprodução.

Há 30 anos, participei como protagonista de uma sessão do meu grupo de terapia na qual eu fazia o papel de um escravo negro apaixonado pela filha do fazendeiro. Quando me lembro des-

E se o psicodrama tivesse nascido no cinema?

sa cena, me vem um carinho muito grande. Foi uma cena importante no meu processo. Ela chega até mim não como uma anticena, um vazio, um acordo de aceitação do não real. Foi uma cena real, concreta, de meu processo.

Com contratos implícitos ou não, com interpretações possíveis ou não, com um imaginário mais presente ou não, na ordem do mito ou não, uma cena é um acontecimento em si. Ela pode (deve?) ser tomada nessa concretude.

Poderíamos compará-la a um sonho. Ele existe, ele é real e nasce dentro do sonhador. Podemos fazer várias observações a respeito dos aspectos subjetivos do sonho, mas ele acontece. Sua duração pode ser medida.

Pensando assim, não trabalhamos uma cena apenas para trazer um aspecto da biografia do protagonista à tona, mas para também conceder um espaço de formação de sua biografia, ou até mais. É muito importante que compreendamos isso.

Tentando me explicar melhor: não se trata de retirar o contrato implícito ou negar a reprodução. Tudo isso continua. O que muda, ao tomar a cena como parte do real da biografia da pessoa, é que estamos produzindo concretudes presentes e não apenas trabalhando "vazios" e conflitos.

Essa questão remete a dúvidas muito complexas sobre o que significam passado e lembranças. Os filósofos, pelo menos desde o genial Santo Agostinho, têm se preocupado com essas perguntas e muita coisa ainda precisa ser resolvida.

Também remete à nossa questão inicial do que é busca de saúde. Mesmo que o terapeuta acredite firmemente que está tentando resolver um conflito de seu paciente, a cena, tomada como real e única, possibilitará a esse protagonista experimentar-se em suas diferenças. Em outras palavras, será sempre um espaço de subjetivação.

Essa é a proposta da "situação-psicodrama". Tomar a cena como um acontecimento que, independentemente de sua construção interna, sirva ao protagonista como espaço de subjetivação.

Mediante essas considerações, proponho analisar a cena em vários de seus fatores: a cena em si e a intenção que traz à tona, o tempo e o espaço nos quais ocorre, seus agentes produtores – terapeuta, protagonista, egos-auxiliares e grupo –, o papel das técnicas e a função do corpo nessa dimensão.

São considerações absolutamente iniciais, uma espécie de esboço para organizar minha reflexão e, quem sabe, estendê-la a outros psicodramatistas que possam ampliá-la.

Espaço

Diferenciar as características de um fato ocorrido num espaço público de outro ocorrido num espaço privado não é tarefa fácil, pelo menos para quem não é afeito a esses estudos. A rua, com seus imprevistos e paixões, pressupõe outro código. Há um rompimento da hierarquia social, que se torna mais difícil de ser decifrada. Nessa suspensão temporária de barreiras e posições, encenam-se outros valores. Isso poderia produzir um campo mais amplo de diferenças e, consequentemente, um espaço maior de subjetivação. Carnaval, *shows* de música ou até mesmo alguns atos religiosos ou políticos caberiam aqui. Mas não seria fácil, mesmo para um terapeuta experiente, manter a ideia de um grupo de terapia nesse contexto. A necessidade de regras claras, o famoso sigilo (que necessita ser repensado), a insegurança da exposição, as questões de intimidade, a dificuldade de mobilizar a atuação dramática nesse contexto amplo, as cristalizações sociais a ser quebradas, enfim, tudo isso faz que o espaço público se tor-

E se o psicodrama tivesse nascido no cinema?

ne difícil para uma contingência dessa especificidade. O que não impede que atos psicodramáticos tenham enorme validade e contribuam enormemente para transformar as instâncias coletivas da subjetividade.

Talvez o que mais se aproxime disso seja o atendimento em instituições com grandes grupos terapêuticos abertos. Trabalhei com isso alguns anos. Ainda assim, mesmo nesses casos, predomina a dinâmica de um espaço privado. O próprio cinema não deixa de ter uma dinâmica de espaço privado.

Talvez o grande mérito de um terapeuta, nessas questões, seja manter a sensação de espaço privado no que concerne às necessidades de intimidade, segurança e sigilo e, ao mesmo tempo, oferecer a sensação de que o que acontece ali se inscreve numa dimensão muito mais ampla do humano. Ele poderá fazer isso transpondo, da sua maneira, a linha que divide esses dois espaços. Só isso já é uma vivência intensa. O terapeuta que consegue transpor essa linha parece inserir o grupo em uma história mais ampla que aquela que é vivida no imediato das relações, como se cada pessoa do grupo se sentisse pertencendo mais profundamente à cultura da qual faz parte. Talvez essa seja uma das principais funções de um grupo de terapia.

A cena contém um núcleo de intensidade que costuma girar em torno do protagonista, quando existe um; ou em torno de alguns, quando a sessão tiver o grupo como protagonista. O espaço dinâmico, portanto, é circunscrito. Mas ele pode se tornar mais amplo quando a tensão também puder chegar à periferia desse espaço. E isso poderá ser muito útil. Vimos que o cinema tem uma tensão nas bordas, diferentemente do teatro. Porque as bordas podem, pelo movimento da câmera, se tornar a qualquer momento um cenário novo. A manutenção da tensão nas bordas pode ser útil para trabalhar uma vivência mais ampla, mesmo que se esteja trabalhando com protagonistas únicos.

Na verdade, fica difícil caracterizar o que é borda numa cena. Antigamente, e talvez para alguns ainda hoje, a dramatização devia ocorrer bem delimitada. Para mim, trata-se de resquício da ideia de um grupo nuclear, com regras nucleares, para uma sessão com um protagonista nuclear. Em nada aumenta os riscos de deixar uma "pele" mais solta, com o grupo ampliando ou diminuindo o espaço pelas suas próprias necessidades. Essa oscilação do tamanho da cena ocorre a todo momento, e nós, terapeutas, em geral nem percebemos. O "mundo lá fora" entraria mais fácil, assim como pertenceríamos mais a ele. Moreno nos disse que, "independentemente de onde a terapia acontece, a interação produz efeitos terapêuticos". E também disse: "No momento em que podemos ver a nós mesmos, surge imediatamente um palco em nossos pés".

Em cenas nas quais o terapeuta opte por um caráter mais poético, mais lírico, essa periferia da cena pode ser ainda menos delineada. Trabalhará mais intensamente com o estranho, com o diferente de cada um. Para isso poderá usar luz negra ou, de modo semelhante ao cinema, penumbra.

Muitas vezes, numa dramatização, o terapeuta situa-se dentro do espaço cênico, mas na verdade não pertence a ele. Por exemplo, numa dramatização sobre uma corte francesa, na qual cada integrante tenha escolhido um papel. O terapeuta estará lá, no espaço cênico, sem nenhum papel relativo ao simbólico da sessão. Não existe um espaço do qual ele comande que não pertença à sessão.

E se o psicodrama tivesse nascido no cinema?

Tudo funciona como se existissem dois espaços, um da cena e outro da sessão, que se misturam sem que as pessoas se atrapalhem com isso. Ninguém pergunta ao terapeuta quem ele é dentro do reino. Nem um psicótico, numa cena, perguntaria. Faz parte do contrato implícito de funcionamento. Então, a meu ver, não há tanta importância em delinear com tanta precisão o espaço.

Em palavras mais claras, o verdadeiro espaço da sessão é, antes de tudo, um espaço psicológico. Duplo, mas psicológico; não há contradição. Afinal de contas, o nosso psiquismo, seja lá o que for isso, suporta uma duplicidade de espaços. Por isso mesmo a sessão pode ser feita em psicodrama interno.

Uma sessão poderia ser realizada com todas as pessoas trabalhando no mesmo momento com psicodrama interno? Fiz isso uma vez com todo o grupo imaginando estar no fundo do mar e interagindo com as descrições dos companheiros. Onde fica aí a necessidade de um espaço tão delineado?

Tempo

Sendo verdade que temos o espaço real da sessão e o espaço do conteúdo da cena, é também verdade que temos uma duplicidade de tempo. Há o tempo real da duração da cena, que pode ser medido no relógio, e há o tempo do conteúdo da cena. Não me refiro aqui à duplicidade do tempo objetivo quando comparado à vivência subjetiva desse tempo. Isso é outra coisa. Estou falando do tempo objetivo em que dura a cena com o tempo quase tão objetivo que existe na história que se desenrola na cena.

No cinema, se um homem faz uma caminhada, o diretor mostrará os primeiros passos e a chegada. O tempo real será medido em segundos. Mas, se outra ação paralela, que se encaixe com a caminhada desse homem, for apresentada, poderá durar muito mais tempo. O espectador não sente isso como uma contradição. Ele sabe que esse homem demorou bem mais para fazer o trajeto.

Assim, também o tempo interno da história da cena pode não bater com o tempo real da duração dela, sem que isso seja vivido como uma contradição. Nossa cabeça é mais facilmente treinada para perceber a elasticidade do espaço que a elasticidade do tempo. Quanto mais intensa for a elasticidade do tempo dentro da história que se desenvolve na cena, provavelmente maior será o campo de subjetivação que ela proporcionará. As pessoas serão retiradas dessa marcação direta do tempo da sessão e colocadas em dimensões temporais diferentes. Uma das maneiras de conseguir isso é alterar o ritmo da ação, acelerando ou desacelerando. Outra é interligar fatos da história de um jeito incomum.

Exemplos:

- O grupo resolve fazer uma viagem interplanetária. Seus integrantes caem num pequeno planeta desconhecido. Como é pequeno, a luz de seu sol bate em todo o planeta. Não há alternância de claro e escuro, consequentemente não existe noite. O dia é eterno, portanto não há hoje, ontem ou amanhã. O grupo se divide para explorar o planeta. Marcam o reencontro para depois da chuva, já que a claridade, sendo eterna, não possibilita a contagem das horas. Mas a chuva não para. O grupo fica perdido, sem saber o que fazer. Um dos rapazes "morre", mas o grupo decide que naquele planeta não há morte. Eles estão condenados, via Sartre, a viver coexistindo num dia eterno e numa chuva que não para.

E se o psicodrama tivesse nascido no cinema?

Outro rapaz passa a falar da dificuldade de conviver com o pai. Não fica claro se se expressa como viajante espacial ou pessoa do grupo de terapia. Todos passam a falar das dificuldades de conviver, inclusive no grupo de terapia.

- Foi antes do filme *O curioso caso de Benjamin Button* (*The curious case of Benjamin Button*, David Fincher, EUA, 2008) que surgiu de um conto o tema das pessoas que nasciam velhas e morriam bebês. Em certo momento alguém comentou que as lembranças teriam de ser de fatos ainda não acontecidos. Então começam a viver fatos que já tinham na memória. Alguns tentam mudar os fatos, mas a maioria acha que é inevitável que eles se desenrolem segundo o que a memória predestina. A angústia aumenta muito. De repente não há mais dramatização e eles estão falando da morte recente de um colega do grupo, por infecção generalizada. Antes de morrer, esse colega visitado em sua casa pelo grupo tinha dito que se conformava com a morte, mas não gostaria que chovesse no dia. Choveu, e muito. O tema da inevitabilidade ficou pairando num grupo deprimido.

- Uma menina levou uma poesia de Maiakovski que dizia existir no mundo um último homem feliz. Ele usava camisa amarela e morava num país distante chamado Brasil. Cada um foi ser esse último homem feliz. Mas, como só podia existir um último homem feliz, cada um escolheu sê-lo numa época diferente. Tivemos um último homem feliz do começo do cristianismo, da Idade Média, dos trogloditas, da Renascença e até mesmo um do futuro. Reuniram-se numa mesma época para explicar como era a felicidade em seus tempos.

- Um terapeuta da cidade faleceu de infarto e um grupo ao qual ele acompanhava, não sei por qual caminho, ficou comigo. A proposta era trabalhar o luto do grupo, embora eles não conseguissem muito entrar em emoções. Lá pela quinta sessão, dramatizamos grupalmente. Eles estavam dentro de um ônibus dirigido por um motorista que se chamava Geraldo. O veículo atingiu uma velocidade espantosa. De repente Geraldo morreu, mas o grupo se manteve dentro do ônibus. Como eles atingiram a velocidade da luz, o tempo parou. Com o tempo parado, os acontecimentos perdem relação causal. Por isso mesmo, tais fatos ficam isolados, feito partículas dentro de um espaço, num movimento browniano. Eles podem pegar cada fato isoladamente e trabalhar com ele. Claro, pegam a morte do terapeuta. Finalmente conseguem abrir esse fato, tentar entendê-lo e voltar a fechá-lo. Tudo isso sob uma carga emocional muito grande. Para fazê-lo, tiveram de parar o tempo e "matar" o segundo terapeuta. Evidente que a elaboração dessa vivência demorou mais algumas sessões.

No primeiro exemplo, pela falta de alternância, ocorre uma incapacidade de abstrair o tempo. Ele se torna imutável e sua vivência, pesada. No segundo, há uma inversão da seta do tempo, com a inevitabilidade dos fatos lembrados. No terceiro, dá-se uma concomitância de tempos diferentes e, no quarto, uma parada no tempo, para que pudessem enfrentar fatos difíceis.

O tempo concreto da sessão e o tempo da história vivida na cena.

Em um grupo pequeno em que ocorra uma dramatização, quase sempre todas as pessoas, envolvidas ou não na cena, participam

E se o psicodrama tivesse nascido no cinema?

de alguma maneira. Isso faz que elas estejam no "mesmo tempo", que é o tempo da ação. Algumas pessoas podem colocar-se à margem da cena, permanecendo mais no tempo real da sessão. Em geral, isso não é bom para o desenvolvimento da cena. Em parte, isso depende das características dinâmicas de cada indivíduo. Um obsessivo tende a situar-se mais preocupado com o futuro, um depressivo volta-se para as angústias do passado e um histerofóbico tende a uma presentificação. O terapeuta deve conhecer tais características para saber jogar com a sessão e com a cena dramatizada.

As pessoas na situação-psicodrama

Uma pessoa que assiste a um filme numa sala de cinema é um indivíduo com vivências próprias. Ela não interage com o filme nem com os atores, já que tudo está finalizado no celuloide. Em função da penumbra, ela também pouco interage com os circundantes. Poderá depois discutir o filme com outras pessoas ou ler uma crítica numa revista especializada. Mas durante o filme estará algo isolada. Estará também passiva na medida em que "recebe" o filme. Isso também é verdade mesmo para aqueles que consideram o filme, como ilusão óptica, uma atividade mental.

No cinema, portanto, a pessoa está passiva e quase isolada.

No teatro tradicional as coisas não mudam muito. Talvez as pessoas estejam um pouco menos isoladas.

Na situação-psicodrama as coisas acontecem muito diferentes. Talvez em poucos lugares, em nossa cultura, as pessoas sejam chamadas tão intensamente à ação e à participação. Por mais que fique na periferia da cena, a pessoa pode participar ativamente. E essa participação tem, antes de tudo, um nome: intimidade.

O grau de intimidade humana que se pode conseguir é assombroso. As pessoas podem despojar-se de muitas de suas conservas e permanecer abertas ao novo.

Há um movimento pendular entre o indivíduo e o coletivo. Um é o contraponto do outro.

As dinâmicas individuais, inconscientes ou não, permanecem importantes, mas não comandam a sessão.

A dinâmica grupal tem de ser levada em conta, mas não conduz tanto.

Emoções como ciúmes, inveja e competição estarão presentes, como em todo lugar onde o humano está presente. Mas, sem negá-las, elas serão transpostas.

Também a atração erótica existirá, jamais poderá ser negada. Mas, assim como outros desejos individuais, servirá de caminho para algo mais amplo.

A prática do protagonista individual também permanecerá, se necessário. Mas é secundária, sendo apenas um caminho. Dentro disso, a resolução de conflitos individuais pode se tornar importante, mas como uma espécie de fato que realça o coletivo e nos coloca na interdependência.

A busca da intimidade humana, onde todas essas instâncias estão presentes, mas subalternas, é a intenção da situação-psicodrama. É sua marca mais forte. É onde a terapia se aproxima da poesia. Poesia-crise, poesia que subverte.

De onde surge essa intimidade? Não é do sigilo. É do fato de terem um espaço delimitado. Deles. E surge também da maneira como o terapeuta conduz o grupo. É papel dele gerar essa intimidade. É função dele esse movimento pendular entre o coletivo e o

E se o psicodrama tivesse nascido no cinema?

individual. É papel dele fazer cada pessoa, ao pertencer ao grupo, sentir que pertence ao humano. Sem perder aquelas instâncias descritas anteriormente, ele as transcende.

As pessoas dentro do grupo podem se experimentar. Sem se afastar de seus códigos, podem buscar novas maneiras de viver. Por meio do outro e com ele, encontram a fonte de produção de si mesmas. A intimidade é o grande contrato que elas têm, e não o sigilo ou o "como se". Elas sabem que compartilham desse contrato. Podem ter medos. Podem testar, mas farão parte desse algo que é coletivo e individual ao mesmo tempo. O grupo.

É esse o papel principal das pessoas no grupo. Ser testemunhas e modelos de existência. E o do terapeuta é dar suporte a isso. Ele entrará com a sua intimidade na medida certa em que catalise a do grupo. Não precisará necessariamente falar de si, mas dar condições para que as pessoas se sintam parte desse todo que é o humano.

Para isso ele tem de estar livre para fazer uma interpretação lacaniana, para propor silêncio, para interromper a dramatização e ler uma poesia de Castro Alves ou mesmo para buscar uma interiorização do protagonista. Só sua sensibilidade pode delinear o que acredita ser melhor para o grupo naquele momento.

A cena em si, sua intenção e suas técnicas

Uma cena pode ser montada com inúmeras intenções, mas a principal delas será sempre fornecer um espaço de subjetivação. "As pessoas não querem superar a realidade, querem expô-la, são os seus donos..." (Moreno, 1975b, p. 77) É esse o espaço de subjetivação. Poderão existir outras intenções mais específicas, algumas descobertas ao longo do próprio trabalho. Mas elas serão subalternas à intenção principal.

Vimos há pouco que, para fomentar essa dimensão, o terapeuta tem de estar livre em sua sensibilidade. Precisa ser um aglutinador de diversos mundos. Tem de mobilizar as pessoas presentes em torno dessas possibilidades. Para tanto (Eisenstein ensinou isso aos cineastas), o terapeuta terá de produzir focos de atração nas cenas. Por exemplo, os roteiristas nos ensinam que seus roteiros têm pontos de partida, de clímax, de virada e de identificação. As cenas também podem ter todos esses pontos. Quando dramatizamos com uma pessoa muito carente, às vezes o grupo se distancia dessa pessoa, pelo peso que a carência dela traz. O terapeuta pode, nessas circunstâncias, trazer à tona em que relação ou momento surge, para tal pessoa, sua carência. É como se cada um assumisse o papel do protagonista, podendo se identificar mais profundamente com a carência dessa pessoa e acompanhá-la melhor... É a busca de um ponto de identificação.

Ao lançar mão desses recursos, o terapeuta não estará se afastando da espontaneidade e da criatividade? A espontaneidade-criatividade, já nos ensinou Naffah Neto (1979, p. 48), "define antes um esforço de reconquista da interioridade do sujeito-mundo, do que de um estado concluído e acabado". Estamos apenas instrumentalizando nossas forças.

Na medida em que a importância da cena fica delineada pela possibilidade de facilitar espaços de subjetivação, cada uma delas tem valor em si mesma. É um acontecimento que poderá ter repercussões na biografia das pessoas envolvidas. Essa opção pela mobilização do presente não deve impedir que acompanhemos os passos da narrativa, a sequência das cenas dentro do projeto de terapia de cada pessoa. Até porque cada presente usa uma síntese diferente, considerando a sensibilidade das pessoas e do terapeuta.

E se o psicodrama tivesse nascido no cinema?

Tentando deixar mais claro: se cada cena tem sua importância pelo espaço de subjetivação que propicia, existe algo que as vincula, pois todas elas se inserem numa intenção de transformação com base no relacionamento e na intimidade das pessoas.

Cenário

Sempre me impressionou muito a atenção que os diretores de teatro e cinema dedicam ao cenário. Nós, terapeutas de cenas, não costumamos dar essa importância. Em nossa formação, aprendemos certas regras de funcionamento, tais como: se o paciente é obsessivo, "quebramos" um pouco seu detalhismo na descrição do cenário; se é ansioso, vamos desaquecê-lo um pouco, forçando-o a descrever melhor o cenário. Regras boas porque especificam nossa atuação com cada paciente, mas que pouco têm que ver de fato com o cenário.

Os que trabalham com cinema, entretanto, insistem que, quanto mais detalhes no cenário, mais verossímil parece ser a história. Discute-se muito também a importância da composição, incluindo aí as diferentes posições que os objetos terão no espaço. *Dogville* foi uma estranha transgressão desse princípio. Nesse sentido, assemelha-se mais a uma sessão de psicodrama que a um filme.

Talvez a diferença seja que num filme nossa atenção se dirige a uma projeção do celuloide. Na situação-psicodrama estamos dentro da cena. A relação com o espaço de ação é diferente. Talvez o que esteja em jogo seja o contrato do "como se". Se podemos imaginar que estamos dentro de uma história, podemos imaginar também os utensílios dela.

6
Jogos, cinema e psicodrama

Em 1956, a Unesco pediu a estudiosos que delineassem os parâmetros do que seria uma sociedade saudável. Um dos quatro quesitos principais por eles apresentados é o de que as pessoas pertencessem a pequenos grupos sociais. Um grupo de terapia não só preenche esse parâmetro como constitui um espaço no qual as pessoas podem dimensionar seus modelos relacionais.

O que conduz um grupo? Uma resposta simples seria: seus objetivos. Mas nós sabemos que a questão é mais complexa. Pessoas reunidas têm desejos, valores, ações e poderes. O conjunto das inter-relações entre essas pessoas, levando-se em conta tais dimensões, produz um movimento que conduz o grupo. Poderíamos chamá-lo de dinâmica grupal.

Outra maneira de entender a dinâmica grupal, pensando no teórico inglês Bion, seria tomar o grupo como portador de uma mente, com seus aspectos conscientes e inconscientes, que conduz o grupo. Portanto, o grupo se conduz por alguns movimentos que nem sempre ele mesmo consegue reconhecer. É o inconsciente grupal.

Os pequenos grupos sociais, os grupos familiares e os grupos de trabalho também têm esse movimento que os conduz, mas tais movimentos dificilmente serão denunciados por um profissional que eventualmente trabalhe com eles.

Um grupo de terapia é diferente de outros grupos na medida em que o profissional que o acompanha tem por objetivo aflorar essa dinâmica grupal, reconhecê-la e trabalhá-la.

Algumas dinâmicas são comuns a todos os grupos, de terapia ou não. Bion descreveu algumas delas e as chamou de supostos básicos. Suposto básico de dependência, de acasalamento e de luta e fuga. Cada um tem suas particularidades, seus protagonistas dinâmicos e suas dimensões emocionais.

Realizar uma sessão em terapia grupal não é apenas colocar pessoas em situações emocionais e fazê-las chorar. É fazer aparecer dinâmicas grupais e trabalhá-las. Essas dinâmicas descritas por Bion acontecem em todos os grupos, digamos que são quase universais. Para quem trabalha com terapia grupal é útil conhecê-las.

Mas grupos específicos têm dinâmicas específicas. Algumas delas podem ser mais presentes e se destacar. Isso foge a um roteiro preestabelecido. O terapeuta tem de reconhecê-las, fazê-las emergir e trabalhá-las. Claro que terapeutas diferentes poderão enxergar dinâmicas diferentes e trarão à tona dimensões diferentes. Mas as principais dinâmicas do grupo são tão concretas que serão percebidas pela maioria dos eventuais terapeutas que trabalhem com eles.

Citando um exemplo: trabalho com um grupo que tem uma dinâmica "do inevitável". É uma crença de que nada pode alterar a sequência dos fatos da vida. Aparentemente ela surge após a falência econômica de um dos membros do grupo.

E se o psicodrama tivesse nascido no cinema?

Resumindo: grupos específicos têm dinâmicas específicas. Roteiros de leituras sobre dinâmicas grupais são interessantes e úteis, mas serão sempre incompletos em função da especificidade das dinâmicas grupais.

Todas essas considerações que estou procurando fazer desde o início do capítulo visam mostrar que um terapeuta precisa ter uma lista de jogos na cabeça para usar em situações genéricas. Isso é bom. Mas um terapeuta competente tem de saber inventar jogos perante as situações de dinâmicas próprias de cada grupo.

É assim, a meu ver, que devemos pensar os jogos em grupos. Roteiros e descrições de jogos são interessantes e úteis, mas são incompletos porque, genéricos, nem sempre cobrem a especificidade da dinâmica grupal.

Jogos descritos são ótimos, principalmente como treino e também como auxiliar na resolução de questões grupais. Mas contêm um risco. O psicodramatista iniciante decora um jogo que aprendeu em seu processo ou num livro e executa-o algumas vezes de forma aleatória, sem perceber o momento grupal. Essa conduta vai atravancar o grupo. Acredito que isso seja mais frequente do que se perceba.

O ideal seria que o jogo fosse montado em função da especificidade dinâmica do grupo. Ou mesmo numa sessão individual. Montar um jogo específico não é tão difícil quanto possa parecer a princípio. Torna-se necessário fazer isso com nossos psicodramatistas em formação. O melhor local para isso é na terapia e na supervisão.

Descrever isso num livro é mais difícil porque o objeto dinâmica grupal não está presente para que a montagem se forme em torno dele.

Mas esse é o espírito deste capítulo e o motivo desta longa introdução. Jogos têm de ser montados em função de dinâmicas específicas. Roteiros padronizados de jogos são bastante úteis como modelos e treinamentos da nossa criatividade. Por isso, devem ser estimulados, mas também devem vir acompanhados de uma reflexão sobre seus riscos e seus limites.

Coerente com essa visão, neste capítulo sobre jogos, cinema e psicodrama, procurarei descrever mais caminhos de ação que jogos montados. Talvez isso gere decepções em um eventual leitor psicodramatista iniciante, "ávido" por concretudes.

Filmagens

Existem muitos trabalhos a esse respeito nas revistas de psicodrama e em outras formas de fazer terapia. Não sei exatamente o motivo de essa prática ter desaparecido de nossos últimos congressos. Há muitos anos, nos primeiros congressos, eram frequentes. Eu mesmo fiz algumas sessões desse tipo, acompanhado pelos amigos Dirce Fátima Vieira e Eduardo Ferreira-Santos. Certos profissionais do psicodrama têm uma vivência incrível nessa dimensão, como Carlos Borba e Ronaldo Pamplona. Esses trabalhos e esses profissionais têm muito a ensinar a todos nós.

No início de minha carreira de psicodramatista, realizei várias filmagens em sessões. Voltei a fazer isso recentemente. Existem algumas questões éticas em relação a essa prática, como a presença de um desconhecido dentro da sala, filmando. Até que ponto isso interfere na dinâmica grupal? E o temor de saber que o que está sendo filmado pode eventualmente "cair" nas mãos de estranhos? Outra dimensão é o gasto extra. Mas essas particularidades podem ser facilmente contornadas.

O que mais me impressiona é como as pessoas se surpreendem ao se ver filmadas. Seus atos, suas falas, suas propostas de relações ganham outras dimensões, permitindo reflexões fundas sobre seus processos de vida. Por isso acho importante que o cinegrafista seja bastante experiente, captando detalhes que nós, menos experientes em filmagens, não conseguiríamos perceber.

São necessárias pelo menos duas sessões, uma para filmar e outra para assistir. A cópia pode ser destruída, se o grupo desejar. É também possível fazer filmagens em terapia individual. Fiz algumas recentemente e o resultado costuma ser proveitoso.

Outra variante, que apliquei duas vezes em grupos no Hospital das Clínicas, é traçar um roteiro de antemão e filmá-lo como se fosse realmente uma obra. A dramatização fica um pouco fechada no roteiro, mas ainda assim é bastante interessante.

Como não me considero experiente nessa área, prefiro evitar muitos comentários e apenas estimular leitores eventuais a realizar essas ações – que, repito, são fáceis de confeccionar. Não será difícil aos interessados encontrar trabalhos que descrevam mais profundamente a técnica.

Já vimos que, para Merleau-Ponty, sentimentos não são apenas fatos psíquicos ocultos num inconsciente, mas estilos de condutas visíveis, presentes nos rostos, nas falas, nos movimentos e nos gestos. O filme, para esse filósofo, pode tornar explícitas certas estruturas que organizam nossa relação com o mundo. É, portanto, a recuperação do visível. É claro que o que será captado pela câmera é uma parte dessa realidade. Cada integrante, por sua vez, ao olhar a gravação, captará diferentes aspectos, pois a percepção de cada um será conduzida por seus aspectos internos. É como se fosse uma realidade psicológica que cada um descreverá. Quem tiver feito essa experiência pelo menos uma vez, poderá certificar quão diferentes são as leituras sobre o material gravado. Mas a troca de leituras pode facilitar novas percepções. Até mesmo aspectos ideológicos mais profundos da trama social de cada um dos participantes aparecerão. A realidade surgirá diversificada, como se cada um escolhesse a sua. Mas as diferenças de leitura darão uma concretude maior a essa trama.

Não são apenas as diferenças de leitura que impressionam, mas sua profundidade. Até porque a gravação pode ser repassada várias vezes, possibilitando novas percepções. O terapeuta, conhecendo seus pacientes, poderá "adivinhar" que questões internas estão conduzindo cada leitura. E, se for importante, trazer à tona essa condução.

Ficaram famosos trabalhos feitos na Inglaterra nos quais o cotidiano de famílias era filmado. Posteriormente se reuniam para ver o resultado da filmagem. As tensões familiares ficavam evidentes, com alguns casos de separação. Dimensões invisíveis no dia a dia ficavam visíveis na filmagem.

Dramatizações com o uso de produções cinematográficas vigentes

Os psicanalistas, embora não dramatizem, usam muito mais esses recursos do que nós, do psicodrama.

E se o psicodrama tivesse nascido no cinema?

Existem cenas de filmes com alto poder dramático que podem servir de aquecimento para dramatizações em grupos, de formação, de supervisão ou de terapia. Isso lembra o onirodrama, como nos ensinou José Roberto Wolff. Mas, na dramatização de um sonho, só uma pessoa "viu" completamente a cena. Aqui não, pois ela pode ser assistida por todos.

O que importa na cena não é apenas a sua intensidade emocional, mas o uso que se possa fazer da cena dentro da dinâmica do grupo.

Em um grupo que estava trabalhando dificuldades com a figura paterna, dramatizamos uma cena linda de *Pai patrão* (*Padre padrone*, Paolo e Vittorio Taviani, Itália, 1977). É a cena na qual o filho, após brigar com o pai porque quer sair de casa e libertar-se do jugo paterno, vai pegar a mala que está debaixo da cama. Ajoelha-se para apanhá-la, deixando a nuca exposta ao pai, sentado na cama. O pai passa a mão alguns centímetros acima da cabeça do rapaz, como se o acariciasse, porém sem tocá-lo. Surpreso, o filho se vira, mas o pai fecha os punhos para simular a raiva, sem conseguir assumir o carinho. Essa dualidade da emoção paterna é bem bonita na cena, e traz à tona muito dos aspectos culturais do que é ser pai naquela região pobre da Itália. O livro *Pai patrão* (2004), de Gavino Ledda, foi posteriormente lido por algumas pessoas do grupo.

Com *Dogville* trabalhamos questões femininas utilizando a cena que a protagonista vê-se amarrada.

Para a relação mãe-filho, usamos o filme *As horas* (*The hours*, Stephen Daldry, EUA, 2002), em especial a cena do suicídio do escritor.

O ideal seria que o filme fosse visto por todos juntos e logo depois dramatizado. O aquecimento seria fantástico. Isso pode ser feito em grupos de formação ou de supervisão, mas em grupos de terapia fica bem mais difícil, pela exiguidade do tempo. Tenho alguns grupos de terapia com pessoas originárias de outros estados que vêm para a terapia uma vez por mês, aos finais de semana. Aí também fica fácil.

Em outras situações, nas quais o filme não foi visto em conjunto, é necessária uma montagem da cena mais cuidadosa, para que o aquecimento seja feito adequadamente.

Alguém, com certa dose de razão, poderia argumentar que tais práticas correm o risco de superficializar o processo terapêutico grupal. Por isso mesmo a proposta tem de ser feita com cuidado, levando-se em conta o momento da dinâmica grupal. Também não acredito que seja uma técnica para ser utilizada com muita frequência. Mas o resultado costuma ser bastante bom.

Uso de técnicas da linguagem cinematográfica

Desde o início do texto procurei delinear que o mais importante para mim é a busca de processos que facilitem a subjetivação como contraponto da resolução de conflitos, embora reconheça nessa busca também uma validade. O cinema entra aqui como uma estrutura que pode facilitar tais processos, sendo, portanto, mais um instrumento de ação. Não se trata, pois, de esmiuçar técnicas cinematográficas para serem reproduzidas dentro da sala, embora isso até possa, eventualmente, ser feito. Trata-se mais de ver como o cinema pode nos emprestar um clima que facilite a subjetivação.

Caímos na questão das formas narrativas.

E se o psicodrama tivesse nascido no cinema?

O lírico, já vimos, tem um potencial maior nesse sentido que o dramático.

O que seria o lírico, aqui?

Como a pessoa transborda suas emoções e suas concepções com intensa pessoalidade, a distância sujeito/objeto diminui, tornando-se maior a passagem dentro/fora. O mundo interno mistura-se à realidade objetiva. As diferenças nascem desse contato e não dos conflitos.

No fundo, esta é uma descrição do encontro moreniano.

Para conseguir esse clima de quase magia, podemos usar a plástica do cinema. Obscuridade em seu fascínio de sombra, procura de movimentos comoventes, lentidão de tempo, diversidade de ritmos no tempo e no espaço, eventuais músicas, criação de novas ordens perceptivas como o primeiro plano para a descoberta do rosto, desconstrução do usual da grade social, interiorização, busca de sentimentos e novos significados nas imagens, tudo isso procurando ligar as estruturas objetivas da cena.

Produzir tensão nas bordas, incluindo todas as pessoas no jogo e não apenas um protagonista central. Mostrar estados de almas desses outros seres. Usar enquadramento virtual para criar outros focos de atração que mobilizem o grupo. Jogar com planos, distâncias, composições. Dentro do possível e quando necessário, reorganizar os cenários. Multiplicá-los. Poder vivenciar partes longas da cena em troca de papéis, quase como uma câmera subjetiva.

Buscar a multiplicidade de leituras e de sentidos. Repetir cenas, se necessário, sob novas formas. Usar o roteiro da terapia como um conjunto de vivências e percepções.

Dar à cena um valor de produção. Ela não vale apenas pelo que se encaixa numa cadeia de outras cenas. Ela vale pelo que produz e mobiliza.

Na crença de que um campo maior de diferenças propicia uma maior subjetivação.

Repetindo: este é o encontro moreniano de que tanto falamos.

E o terapeuta? Como atua?

Numa primeira dimensão, propicia todo esse clima. Seu conhecimento sobre linguagem cinematográfica ajudará. Poderá fazer inúmeros enquadramentos virtuais selecionando espaços de percepção, levando o olhar das pessoas para partes da cena. Poderá compor diferenças perceptivas pela movimentação das pessoas perante a cena, usar o princípio da câmera subjetiva, retardar o tempo, diversificar o ritmo segundo o momento e a emoção da cena, repetir cenas em outras dimensões, jogar com sombras e luz, criar atrações e inquietações, desacomodar, denunciar intenções corporais, desbloquear sensações, distender a cena para a borda, revelar estruturas ocultas, realçar detalhes, fazer *zoom* virtual, sugerir cenários externos, juntar ou dividir cenas diferentes, "abrir janelas" para fora da cena colocando pessoas perante outras realidades, focar objetos da cena organizando outra percepção sobre eles, conduzir a sessão como um documentário, descrever relações entre objetos e pessoas, fazer cortes etc.

Mas há outra função do terapeuta que é igualmente contundente e facilitadora dos processos de subjetivação. É a intimidade que propicia dentro do espaço terapêutico. É sua capacidade de fazer esse espaço privado ser sentido como algo do mundo. Ajudar o indivíduo a sentir-se parte integrante da cultura com base no que acontece em seu espaço. Remetê-lo às suas associações mais íntimas na mesma medida que o coloca como parte de um todo. Anônimo e individualizado. Sua história na

E se o psicodrama tivesse nascido no cinema?

História. Ser um e representar todos. Ter um pouco desses todos dentro de si.

O lírico exprime essa subjetividade radical e remete, ao mesmo tempo, a traços humanos universais. Não a esses traços humanos comuns a uma sociedade de consumo, pois lhe desobedece, a subtrai, coloca-a em tensão. Cria outra subjetividade pela qual vale a pena lutar.

A cena nessa duplicidade. Nesse transbordo de subjetividade.
A terapia como espaço de transformação.
Encontro.

Referências bibliográficas

AGUIAR, M. O. *Teatro terapêutico: escritos psicodramáticos.* Campinas: Papirus, 1990.

_____. *Teatro espontâneo e psicodrama.* São Paulo: Ágora, 1998.

Alencar, J. "Fátima Toledo, preparadora de elenco de 'Tropa de elite' conta que destrói atores". *Diário de S.Paulo*, 25 out. 2007.

ALMEIDA, W. C. *Psicoterapia aberta: formas de encontro.* São Paulo: Ágora, 1988.

_____. "Interpretar e a função interpretativa da dramatização". IX Congresso Brasileiro de Psicodrama, Águas de São Pedro, 1994.

ANDREW, J. D. *As principais teorias do cinema.* Rio de Janeiro: Jorge Zahar, 2002.

BERGSON, H. *Matière et mémoire.* Paris: Librairie Félix Alcan, 1907.

BERMAN, M. *Tudo que é sólido se desmancha no ar.* São Paulo: Companhia das Letras, 1986.

BION, W. R. *Apriendiendo de la experiencia.* México: Paidós, 1987.

BISKIND, P. *Como a geração sexo-drogas-e-rock'n'roll salvou Hollywood.* Rio de Janeiro: Intrínseca, 2009.

BLEGER, J. *Simbiose e ambiguidade.* Rio de Janeiro: Francisco Alves, 1977.

CASAGRANDE, M. C. *Pequenas histórias: subjetividades loucas e poéticas.* São Paulo: Escuta, 2011.

CHION, M. *O roteiro do cinema.* São Paulo: Martins Fontes, 1989.

COSTA, R. P. "Videopsicodrama". In: MONTEIRO, R. (org.). *Técnicas fundamentais do psicodrama.* São Paulo: Brasiliense, 1993, p. 166.

DELEUZE, G. *Lógica dos sentidos*. São Paulo: Perspectiva, 1974.

_____. *Diferença e repetição*. Rio de Janeiro: Graal, 1988.

DIDEROT, D. *O filho natural ou as provações da virtude: conversas sobre o filho natural*. Trad. Fátima Saadi. São Paulo: Perspectiva, 2008. (Coleção textos: 12)

FONSECA FILHO, J. S. *Psicodrama da loucura*. São Paulo: Ágora, 1986.

_____. "O doente, a doença e o corpo – Visão através do psicodrama interno". *Revista Brasileira de Psicodrama*, v. 2, fasc. 1, 1994, p. 41-48.

_____. *Psicoterapia da relação*. São Paulo: Ágora, 2000.

FOUCAULT, M. *História da loucura*. São Paulo: Perspectiva, 1978.

_____. *Nietzsche, Freud & Marx*. São Paulo: Princípio, 1987.

FREUD, S. "Neurosis e psicosis". In: *Obras completas*. Madri: Biblioteca Nueva, 1981a, v. 3, p. 2742-44.

_____. "Personajes psicopáticos en el teatro". In: *Obras completas*. Madri: Biblioteca Nueva, 1981b.

GILES, T. R. *História do existencialismo e da fenomenologia*. São Paulo: Edusp, 1975.

GOLDMAN, L. *Ciências humanas e filosofia*. São Paulo: Difusão Europeia do Livro, 1970.

GUATTARI, F. "O divã do pobre". In: *Psicanálise e cinema. Coletânea do nº 23 da Revista Communications. Comunicação*. Lisboa: Relógio d'Água, 1984.

HEIDEGGER, M. *Ser e tempo*. São Paulo: Abril Cultural, 1979.

KLEIN, M. *Melanie Klein: psicologia*. São Paulo: Ática, 1982.

LACAN, J. "As psicoses": *Seminário*, livro 3. Rio de Janeiro: Zahar, 1985.

LEDDA, G. *Pai patrão / Recanto*. São Paulo: Berlendis & Vertecchia, 2004.

MACHADO, R. *Deleuze e a filosofia*. Rio de Janeiro: Graal, 1990.

MARTINEZ-BOUQUET, C.; MOCCIO, F.; PAVLOVSKY, E. *Cuando y por qué dramatizar*. Buenos Aires: Proteo, 1971.

MASSARO, G. "Técnicas psicodramáticas e temporalidade". *Revista Febrap* v. 4, 1984, p. 15-19.

_____. "O psicodrama como teatro terapêutico: a cena do (no) psicodrama". Texto apresentado no VI Congresso Brasileiro de Psicodrama, set. 1988.

_____. "Redimensionando a matriz da identidade". Texto apresentado no VIII Congresso Brasileiro de Psicodrama, out. 1992.

E se o psicodrama tivesse nascido no cinema?

_____. *Loucura: uma proposta de ação*. São Paulo, Ágora, 1994a.

_____. "Subjetividade e psicodrama". In: PETRILLI, S. R. A. (org.). *Rosa dos ventos da teoria do psicodrama*. São Paulo: Ágora, 1994b.

_____. "A matriz de identidade de Moreno, desdobramentos e atualidades". IX Jornada Interna do DPS Sedes Sapientiae, 1995.

_____. *Esboço para uma teoria da cena*. São Paulo: Ágora, 1996.

MERLEAU-PONTY, M. *Fenomenologia da percepção*. Rio de Janeiro: Freitas Bastos, 1971.

_____. *A estrutura do comportamento*. Belo Horizonte: Interlivros, 1977.

MINKOWSKY, E. *El tiempo vivido*. México: Fondo del Cultura Económica, 1973.

MORENO, J. L. *Psicoterapia de grupo e psicodrama*. São Paulo: Mestre Jou, 1974.

_____. "A divindade como comediante". In: *Psicodrama*. São Paulo: Cultrix, 1975a.

_____. *Psicodrama*. São Paulo: Cultrix, 1975b.

_____. *Las bases de la psicoterapia*. Buenos Aires: Hormé, 1977.

_____. *O teatro da espontaneidade*. São Paulo: Summus, 1984.

NAFFAH NETO, A. *Psicodrama: descolonizando o imaginário*. São Paulo: Brasiliense, 1979.

NIETZSCHE, F. *Assim falou Zaratustra*. Rio de Janeiro: Ediouro, 1947.

PÊCHEUX, M. *O discurso: estrutura ou acontecimento*. Campinas: Pontes, 1990.

PEREIRA, P. A. *Imagens do movimento*. Petrópolis: Vozes, 1981.

ROSA, J. G. *Primeiras estórias*. Rio de Janeiro: Nova Fronteira, 2005.

SANTO AGOSTINHO. *Confissões*. São Paulo: Abril Cultural, 1980.

SARTRE, J. P. *L'Imaginaire*. Paris: Gallimard, 1940.

SILVA DIAS, V. R. C. *Análise psicodramática*. São Paulo: Ágora, 1994.

_____. *Sonhos e psicodrama interno*. São Paulo: Ágora, 1996.

STANILAVSKY, C. *A preparação do autor*. São Paulo: Civilização Brasileira, 1976.

TIRARD, L. *Grandes diretores de cinema*. Rio de Janeiro: Nova Fronteira, 2002.

VEYNE, P. *O inventário das diferenças*. Lisboa: Gradiva, 1989.

VOLPI, J. A. *Édipo: psicodrama do destino*. São Paulo: Ágora, 1990.

WINNICOTT, D. W. *O ambiente e os processos de maturação*. Porto Alegre: Artes Médicas, 1988.

WOLFF, J. R. A. S.; GONÇALVES, C. S.; ALMEIDA, W. C. *Sonho e loucura*. São Paulo: Ática, 1985.

_____. *Lições de psicodrama*. São Paulo: Ágora, 1988.

XAVIER, I. *A experiência do cinema*. Rio de Janeiro: Graal, 1983.

_____. *O discurso cinematográfico*. Rio de Janeiro: Paz e Terra, 1984.

leia também

PSICODRAMA
Ciência e arte
Júlia Maria Casulari Motta e Luís Falivene Alves (orgs.)

Esta obra reúne trabalhos desenvolvidos por professores do Instituto de Psicodrama e Psicoterapia de Grupo de Campinas (IPPGC). Na primeira parte do livro aprofundam-se, de maneira clara e didática, conceitos e métodos baseados no psicodrama. A segunda parte apresenta trabalhos práticos realizados pelos autores em diversos contextos: educacional, empresarial, social, terapêutico.
REF. 20081   ISBN 978-85-7183-081-3

PSICODRAMA
O forro e o avesso
Sergio Perazzo

Embora pareçam sinônimos, forro e avesso significam coisas diferentes para o autor. Por forro ele se refere à base do psicodrama. Por avesso, à crítica, ao que ele chama de "exposição nua da costura". Nesta obra, Sergio Perazzo reflete sobre os rumos nem sempre adequados tomados pelo psicodrama e oferece caminhos práticos para que os profissionais levem a cabo as ideias de Moreno.
REF. 20066   ISBN 978-85-7183-066-0

leia também

PSICOTERAPIA ABERTA
O método do psicodrama, a fenomenologia e a psicanálise
Wilson Castello de Almeida
Esta é uma reedição que equivale a um importante lançamento. Seu conteúdo didático e sua visão abrangente e original mostram uma abordagem de terapia relacional, um modo de ver as pessoas. O primeiro livro, de 1982, não só continua atual como adquiriu uma compreensão mais ampla.
REF. 20009   ISBN 978-85-7183-009-6

O TEATRO DA ESPONTANEIDADE
J. L. Moreno
Esta nova tradução de uma das obras seminais de Jacob Levy Moreno apresenta uma visão completa e multifacetada do teatro da espontaneidade. Além de oferecer ao leitor aspectos teóricos e práticos, traz comentários de contemporâneos de Moreno e aponta suas principais contribuições para a psicoterapia moderna. Fundamental para todos os psicodramatistas que desejam conhecer a fundo as ideias do mestre.
REF. 20099   ISBN 978-85-7183-099-8

www.gruposummus.com.br

IMPRESSO NA
sumago gráfica editorial ltda
rua itauna, 789   vila maria
02111-031   são paulo   sp
tel e fax 11 **2955 5636**
sumago@sumago.com.br

G R Á F I C A